les inso

sans le vouloi

point de lumière et de vie.

Cet homme au teint livide, encore plus pâle dans l'encadrement des cheveux noirs et de la barbe sombre, s'appelle Giuseppe Verdi.

Acte premier. Verdi a vingt-sept ans. Dans l'année qui s'achève, sa femme et ses deux enfants sont morts, morts de ces maladies de la misère que les médecins identifient mal quand on ne les paie pas bien.

Parfois, machinalement, tout en tendant l'oreille vers le théâtre où les violons s'accordent, il essuie de la main sa courte barbe noire, où le brouillard se fige en gouttes à goût de larmes.

Dans ses yeux gris, toute la douleur et toute la colère des génies qui piétinent à l'orée de la gloire. Son dernier opéra, *Un giorno di regno*, au

titre hélas prémonitoire, n'a eu qu'une seule représentation. Dans la nuit qui s'appesantit sur Milan, Verdi entend encore les huées du public : «S'ils ne voulaient pas applaudir, ne pouvaient-ils au moins supporter cet opéra en silence ! » C'est juré, il n'écrira plus jamais de musique. Dans le brouillard qui sent déjà l'hiver, il remonte, sous les toits, dans la chambre qui abrite sa solitude.

Acte II. « Vous rendez-vous compte, Verdi ? Un livret de Solera, une chose magnifique ! Des situations dramatiques, grandioses, des vers sublimes ! Et cet imbécile qui n'en veut pas ! Si, si, lisez-le… – Mais que diable…
– Mais cela ne peut pas vous faire de mal. Lisez-le, et donnez-moi votre avis. »
De lassitude, Verdi a mis dans sa poche l'épais manuscrit que lui proposait si instamment Merelli, l'imprésario directeur de la Scala.

Il a jeté le manuscrit sur la table et au beau milieu des pages éparpillées ses yeux se sont posés sur quelques vers :
« Va, pensiero, sull'ali dorate... »
(Va, pensée, sur les ailes dorées...)
Le sujet lui va droit au cœur : en ces temps de détresse, n'a-t-il pas récemment relu ce passage de la Bible narrant les malheurs du peuple juif jeté dans l'esclavage et l'exil par Nabuchodonosor, tyran de Babylone ?
Dans la froidure de la nuit, le sommeil ne vient pas. *« Va, pensiero... »*
Et Verdi se relève, et rallume sa bougie, et relit, et relit encore le manuscrit de *Nabucco.*

Acte III. Un an plus tard. Un jour un vers et un jour une note. Peu à peu, l'opéra s'est écrit. Merelli a promis, sans promettre vraiment, de le mettre en répétition pour le carnaval de mars prochain.

Verdi, son œuvre sous le bras, se rend chez la Strepponi, la plus célèbre des cantatrices de Milan. Et seul au piano, l'angoisse au ventre et la fièvre aux doigts, il lui joue son opéra. Chaque note déjà sonne comme un orchestre.

La diva écoute, s'enthousiasme. Elle admire ce jeune homme à l'habit noir un peu râpé, dont les yeux brillent d'un tel feu !

La Strepponi est convaincue, Merelli a donné sa parole... et la reprend : trop lourd, trop cher, et un peu dangereux. Plus tard, mon cher ami, sans doute... Verdi tempête et injurie le ciel, crie au parjure et finit par décider Merelli. «Bon, d'accord. Mais on utilisera les décors que nous avons et les costumes déjà conçus pour d'autres opéras. Je n'ai pas les moyens de faire mieux.»

Nabucco à peine en répétition fait naître bien des bruits. Les machinistes délaissent les cintres et se pressent sur scène pour n'en pas perdre une note. «Et il y aurait là-dedans de fortes allusions à la situation de l'Italie sous la botte autrichienne. Que vont dire les autorités ?»

Acte IV. Et le 9 mars 1842 vient le soir de la première. Les lourdes calèches amènent à la Scala les officiers autrichiens roulant des épaulettes, offrant leurs bras chamarrés d'or aux mains fragiles des élégantes milanaises. Pour Verdi, installé comme il est d'usage dans la fosse d'orchestre, la soirée n'est qu'un long triomphe. Le public italien s'enflamme pour cette allégorie de sa condition, et les Autrichiens applaudissent sans bien comprendre ce qui ne leur paraît, après tout, que beaucoup de bruit sur un peu de Bible. Au fameux « *Va, pensiero...* » le chœur du peuple hébreu aspirant

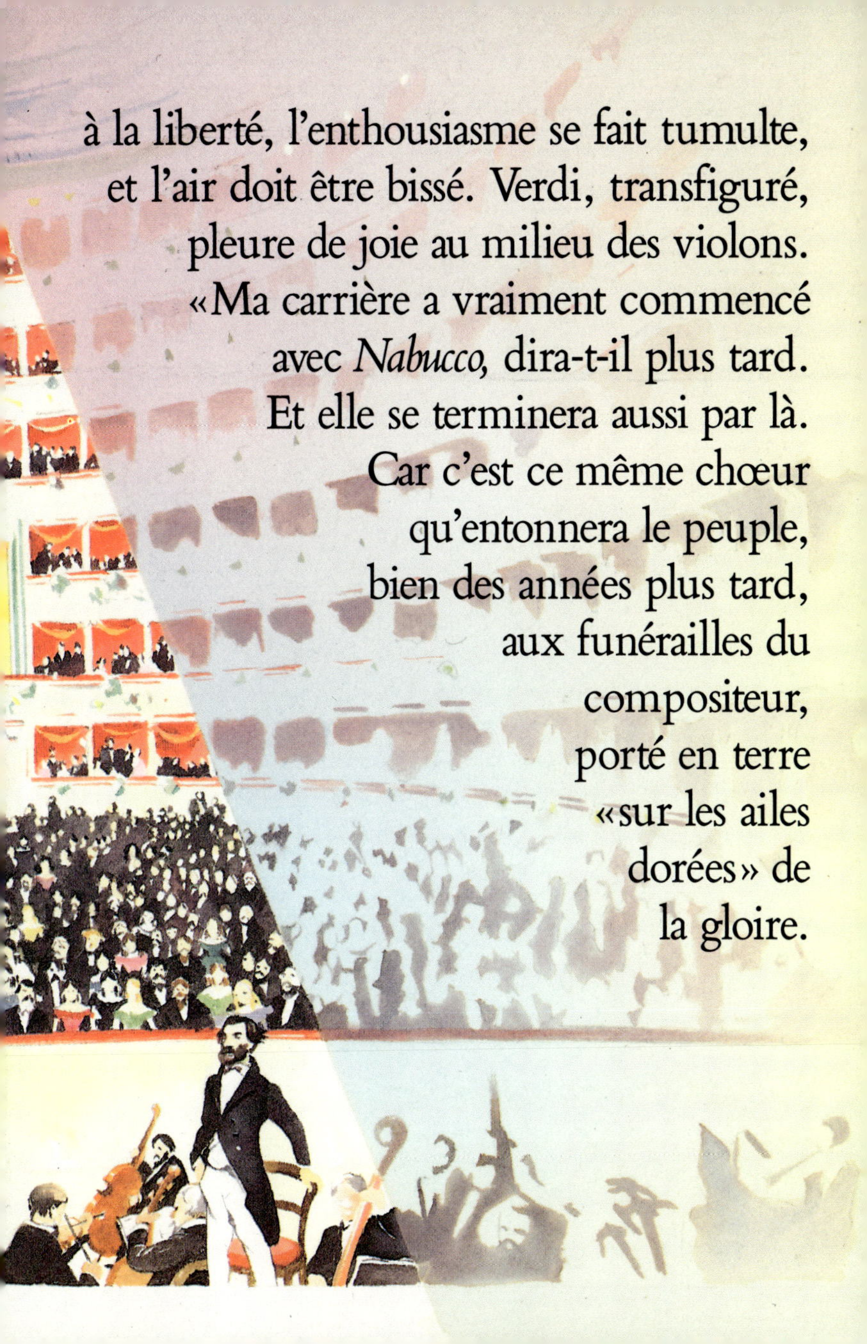

à la liberté, l'enthousiasme se fait tumulte, et l'air doit être bissé. Verdi, transfiguré, pleure de joie au milieu des violons. «Ma carrière a vraiment commencé avec *Nabucco*, dira-t-il plus tard. Et elle se terminera aussi par là. Car c'est ce même chœur qu'entonnera le peuple, bien des années plus tard, aux funérailles du compositeur, porté en terre «sur les ailes dorées» de la gloire.

Alain Duault est né à Paris en 1949. Il est aujourd'hui écrivain, musicologue et critique musical, après avoir été professeur de français. On peut lire ses chroniques dans *l'Événement du jeudi, Elle,* et *l'Avant-Scène Opéra,* dont il est rédacteur en chef. Il participe à l'émission «Musiques au cœur» sur Antenne 2, et a publié plusieurs livres sur la musique et l'opéra : *Colorature,* recueil de poèmes, Gallimard (1977), *Don Giovanni - Mozart-Béjart,* éditions de la Différence (1980), *Maurice Béjart - la Flûte enchantée,* Albin-Michel (1982).

Responsable de la rédaction
Elizabeth de Farcy
Maquette Elizabeth Cohat
Iconographie
Michel Pazdro
Illustration
Rozier-Gaudriault
Lecture - correction
Dominique Froelich,
Dominique Guillaumin,
Alain Kauffmann

Coordination
Elizabeth de Farcy

1er dépôt légal: Octobre 1986
Dépôt légal: Mars 1994
Numéro d'édition: 68185
ISBN 2-07-053015-9
Imprimé en Italie
par Editoriale Libraria

Composition Sophotyp,
Paris
Photogravure Fotocrom,
Udine
Impression Editoriale
Libraria, Trieste
Reliure Zanardi, Padoue

VERDI
LA MUSIQUE
ET
LE DRAME

Alain Duault

DÉCOUVERTES GALLIMARD
MUSIQUE

Tout commence dans la plaine du Pô. Région un peu marécageuse, un peu mystérieuse, région de paysans travailleurs, ardents et amoureux de la musique. Installés dans la région depuis longtemps, les Verdi se sont fixés aux Roncole, un hameau du village de Busseto, au XVIIIe siècle. Le père du compositeur, Carlo Verdi, s'est marié en 1812, à vingt-sept ans, avec Luigia Uttini, de deux ans sa cadette, et le jeune couple possède aux Roncole une sorte de café-auberge qui les fait vivre difficilement mais dignement.

CHAPITRE PREMIER

DE BUSSETO A MILAN

De ce village natal, Verdi ne s'éloignera jamais vraiment. Riche et célèbre, il s'installera à quelques pas de là.

La vie aux Roncole est tranquille, rythmée par le passage des colporteurs, des charretiers ou des cochers – les routiers de l'époque –, qui, allant de village en village, tiennent lieu de messagers et de journaux.
On parle par exemple de cette bizarrerie qui, conséquence des guerres et de la mainmise de Napoléon sur la province, a fait de cette région un département français – on l'appelle le «département au-delà des Alpes» –, avec des lois françaises, des taxes françaises et une administration obligée d'utiliser la langue française pour fixer par écrit la vie d'une population profondément et farouchement italienne.

C'est ainsi que, le 12 octobre 1813, Carlo Verdi se présente avec des témoins devant le maire de Busseto pour déclarer la naissance survenue l'avant-veille de son fils aîné, Giuseppe, c'est-à-dire, puisqu'on est sous domination française, Joseph. L'acte de naissance du plus grand compositeur italien sera donc rédigé en français.

Le petit Giuseppe va grandir aux Roncole, renfermé, plutôt sauvage, comme beaucoup de garçons de ce pays. A sept ans, on l'envoie chez le curé pour qu'il apprenne un peu à lire, écrire et compter, ce qu'il fait avec application. Car s'il est un peu taciturne et déjà facilement coléreux, il a néanmoins bon caractère. Ainsi, un matin, alors qu'il sert la messe à l'église, comme le faisaient couramment les enfants de cette époque, il se laisse distraire par la musique de l'orgue et n'entend pas le prêtre lui demander les burettes. Il reçoit alors un coup de pied qui le fait rouler au

«L'an 1813, le jour douze d'octobre, à 9 heures du matin, par-devant nous, adjoint au maire de Busseto, officier de l'état-civil de la commune de Busseto susdite, département du Taro, est comparu Verdi Charles, âgé de 28 ans, aubergiste, domicilié à Roncole, lequel nous a présenté un enfant du sexe masculin, né le jour dix du courant, à 8 heures du soir, de lui déclarant et de Louise Uttini, fileuse, domiciliée à Roncole, son épouse, et auquel il a déclaré vouloir donner les prénoms de Joseph-Fortunin-François...»

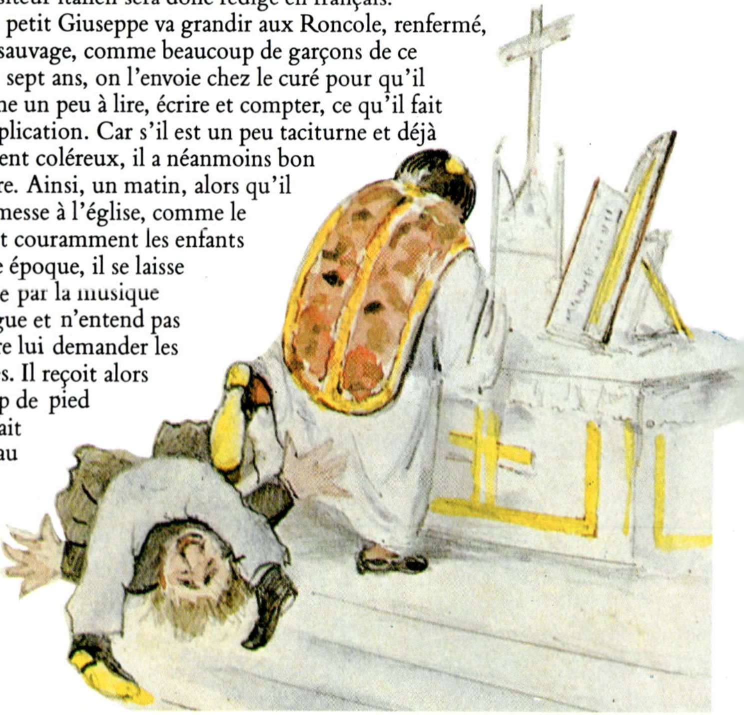

bas des marches. Se relevant, blanc de colère, il crie au prêtre : «Dio t'manda na sajetta» (Que Dieu te foudroie !). Et on raconte que, quinze ans plus tard, la foudre tomba sur une église voisine, tuant cinq personnes dont un prêtre. Et ce prêtre était précisément celui qui avait donné un coup de pied au jeune Giuseppe...

Les premières armes de Giuseppe Verdi : une vieille épinette, puis l'orgue de l'église

Giuseppe grandit donc. Un jour son père lui achète une vieille épinette désaccordée pour qu'il puisse satisfaire et exercer ce plaisir de la musique qui déjà l'envahit. Très vite il fait de grands progrès, grâce aux leçons de l'organiste du village, Pietro Baistrocchi, qui est en même temps le maître d'école. Et alors qu'il n'a pas dix ans, on voit déjà certains dimanches le petit Giuseppe remplacer le vieux Baistrocchi à l'orgue de l'église !

Mais, à dix ans, Giuseppe est admis au lycée de Busseto, grâce à l'insistance auprès de ses parents d'Antonio Barezzi, riche marchand de liqueur et directeur des Filarmonici, l'orchestre de Busseto. Ses études se déroulent sans mal et son professeur, le chanoine Pietro Seletti, décide d'en faire un prêtre. C'est sans compter avec Ferdinando Provesi, le directeur de l'école de musique, qui l'a pris comme élève et veut faire de lui un musicien !

Querelle entre les deux professeurs qui se résout heureusement : le chanoine Seletti ayant constaté les dons du jeune Giuseppe conclut un jour en lui disant : «Continue d'étudier la musique, tu as raison.»

Antonio Barezzi, lui aussi, a suivi les progrès de son protégé : il lui ouvre sa maison où, au lieu de la vieille épinette détraquée, il peut s'exercer sur un bon pianoforte à queue.

“Je, Carlo Arcari, curé de Roncole, déclare avoir baptisé ce matin un enfant du sexe masculin né hier soir à huit heures, fils de Carlo Verdi (fils de feu Giuseppe) et de Luigia Uttini (fille de Carlo), couple marié de cette paroisse. Les prénoms de Giuseppe, Fortunino et Francesco ont été donnés au nouveau-né. Le parrain était signor Pietro Casali (fils de Felice) et la marraine était Barbara Barsani (fille d'Angelo), tous les deux de cette paroisse.”

Les musiciens n'aiment pas l'ouverture du *Barbier de Séville*... Qu'à cela ne tienne, Verdi réécrit Rossini !

Giuseppe travaille déjà avec la passion et l'acharnement qui le caractériseront toute sa vie. Mais c'est en 1828 – il a

quinze ans – que son talent éclate. On doit représenter *le Barbier de Séville* de Rossini au théâtre de Busseto. Comme souvent, Rossini a utilisé des morceaux de ses œuvres précédentes dans son opéra ; en particulier l'ouverture qu'il a tout simplement reprise d'*Élisabeth reine d'Angleterre.* Les musiciens des Filarmonici regrettent un peu que cette ouverture, qui est le moment de leur succès devant la population locale, perde un peu de son éclat à être déjà connue. Sans plus tarder, le jeune Verdi en écrit une et la fait répéter lui-même par l'orchestre. C'est un triomphe : l'ouverture est accueillie par des acclamations inespérées. Encouragé par cette réussite, Giuseppe se lance avec passion dans la composition : morceaux symphoniques, airs, duos, concertos pour piano, variations pour divers instruments. Il vit à présent chez Antonio Barezzi, avec les enfants de ce dernier, Margherita, Marianna, Giovanni, Amalia et Teresa.

Rossini est en ce début de siècle un des phares de la musique en Italie. Verdi, comme tous, révère le maestro de Pesaro (la ville natale de Rossini). Il conservera toute sa vie cette admiration, jusqu'à prendre à sa mort l'initiative d'un requiem écrit collectivement par quelques-uns des plus grands compositeurs italiens du moment. L'initiative avortera et deviendra pour Verdi la base de son fameux *Requiem*.

La belle Margherita, l'amour d'enfance et la future épouse

A seize ans, Verdi est déjà un compositeur éprouvé, dont les partitions pour toutes sortes d'instruments, les compositions profanes aussi bien que sacrées, s'ajoutent les unes aux autres : il va ainsi écrire diverses cantates, puis un *Stabat Mater* et même une *Messe* pour grand orchestre à quatre voix ! Et, pour justifier son entretien, Verdi donne des leçons de chant et de piano à la jeune Margherita, qui n'a que sept mois de moins que lui, qui est belle, douce... et dont bien sûr Giuseppe tombe amoureux. Amour partagé, mais tenu secret par les deux jeunes gens, qui sont très assidus à leurs leçons de musique en tête à tête... jusqu'à ce que la mère de Margherita, intuitive, le découvre. A vrai dire ni elle ni le père de Margherita n'en sont fâchés tant ils se sont pris d'affection pour le jeune homme, auquel ils prévoient un avenir brillant.

Leur liaison connue, il n'est plus possible à présent que Giuseppe reste dans la maison des Barezzi, les convenances de l'époque l'interdisent. C'est un argument de plus, pense Antonio Barezzi, pour convaincre

le père de Giuseppe de l'envoyer sans plus tarder parfaire ses études à Milan. Une bourse est obtenue, non sans les difficultés habituelles, pour payer les études et subvenir aux besoins de Giuseppe à Milan. Et, à la fin du mois de mai 1832, le ministre de l'Intérieur délivre à Giuseppe Verdi, «exerçant la profession d'étudiant en musique», un passeport valable un an.

Milan, les années d'apprentissage. De la musique, toujours plus de musique

Il trouve à se loger dans la maison de Giuseppe Seletti, le neveu de dom Pietro Seletti qui avait été son professeur de grammaire, et entreprend aussitôt de présenter sa candidature au Conservatoire par une lettre qu'il adresse au gouverneur du royaume. Arrivent les épreuves, passées devant une commission de professeurs du Conservatoire. La première épreuve est l'exécution au piano d'un morceau

Passionné de musique, ayant lui-même tâté de la composition, sachant toucher plusieurs instruments, Antonio Barezzi a la sagesse de ne pas vouloir en faire profession. Mais, pressentant chez le jeune Giuseppe un réel don, un avenir de compositeur, il le prend en charge à Busseto, projetant peut-être sur le jeune homme une nostalgie qui s'illustrera dans le mariage de sa fille Margherita avec le jeune compositeur.

de musique, le *Capriccio en «la»* de Herz. Angeleri, le professeur de piano de la commission, note une mauvaise position des mains du candidat. Et, bien que les compositions qu'il présente et qui constituent la seconde épreuve montrent selon le rapport de la commission d'admission que Verdi «pourra diriger la fantaisie qu'il semble avoir en partage et pourra vraisemblablement réussir dans la composition», le jeune Giuseppe est refusé. A cause d'une mauvaise position des mains au piano, celui qui allait devenir le plus grand compositeur italien ne peut entrer au conservatoire de Milan !

Dépité, Verdi est prêt à tout abandonner sur un des coups de tête habituels à ce caractère entier. Mais la confiance que Barezzi a en lui et l'amour qu'il porte à sa fille l'aident à se ressaisir. Suivant les conseils qu'on lui donne, il prend un professeur particulier qui lui a été recommandé, Vincenzo Lavigna, compositeur et aussi chef d'orchestre à la Scala, avec lequel il va travailler avec acharnement. En même temps, il se rend régulièrement à la Scala et y entend les œuvres de compositeurs contemporains, Donizetti, Mercadante, Ricci... Il assiste aussi à la joute musicale que se livrent à coups d'opéras de Bellini les deux grandes divas de l'époque, la Pasta et la Malibran, qui cherchent à se ravir mutuellement l'estime des Milanais par la beauté de leur voix, la ferveur de leurs accents et l'originalité de leurs ornements belcantistes.

«La belle Margherita était ravie que l'invité de la maison continuât ses études sur le clavier qu'elle parcourait elle-même de sa fine et blanche main.
Ce piano fut le témoin du début d'une douce idylle. Elle, belle, pleine de grâce, de sensibilité et d'intelligence ; lui, un jeune homme vif, robuste, bien charpenté, avec un regard profond.
[...] Les deux jeunes gens étaient nés pour s'entendre.»
Delfico

Retour à Busseto, intrigues, mariage, succès

Alors qu'il est à Milan occupé à ses études, lui parvient la triste nouvelle de la mort de Provesi, celui qui a été son professeur de musique et qui l'a poussé, avec affection, dans la voie de la musique. Cependant, la charge de *maestro di musica* de Busseto est destinée à Verdi. Provesi le lui a dit, Antonio Barezzi et tous les Filarmonici l'attendent. C'est pourtant un certain Ferrari qui sera nommé à la suite d'intrigues politiques quelque peu bouffonnes qui diviseront le village de Busseto entre ferraristes et verdistes. Après bien des tribulations et près de deux ans de querelles à la don Camillo, Verdi obtiendra enfin le poste qui, outre la satisfaction qu'il lui procure, lui permet enfin d'épouser Margherita, si douce, si belle, si blonde : «Lorsqu'elle dénouait ses cheveux, il semblait qu'un fleuve d'or descendait sur ses épaules.»

Le 5 mai 1836 c'est le mariage à Busseto. Le soleil fait briller l'or des cheveux de Margherita. Giuseppe a peigné sa barbe avec soin. La vie qui s'ouvre aux deux jeunes gens semble radieuse. Ils sourient à tous leurs amis réunis.

A Busseto, Barezzi loge les jeunes mariés au palazzo Rusca, près de chez lui. Verdi, heureux, compose beaucoup : des messes, des vêpres, des symphonies, des marches, des romances... Mais aussi un opéra sur le livret qu'il a rapporté de Milan. Déjà la passion du théâtre l'a pris, déjà il se sent à l'étroit dans la petite ville de Busseto, où, même fêté, choyé, sans problème apparent, il comprend qu'il ne peut donner toute sa dimension.

Virginia, Icilio : du bonheur familial à la douleur

Le 26 mars 1837, sa femme accouche d'une petite fille, Virginia. Verdi est heureux. Il compose une berceuse pour endormir le bébé, qu'il chante lui-même près du berceau : «Mia Virginia, sei tu sola.»

Entre-temps, il a terminé son opéra et entreprend de le faire représenter. Au Teatro Ducale de Parme. Mais les choses traînent et Verdi demeure sans nouvelles du sort promis à son opéra. Il continue pourtant d'écrire, des symphonies ou des romances encore. Il continue sa vie tranquille, trop tranquille peut-être à son goût, à Busseto.

Le 11 juillet 1838, Margherita donne un petit frère à Virginia : il se prénommera Icilio Romano. Le bonheur de Giuseppe serait plus complet s'il pouvait faire jouer son opéra : il décide donc, à la faveur de cet été, de le porter à Milan où, parmi les nombreux théâtres de la grande ville, il réussira bien à faire jouer son œuvre. Mais brusquement, un malheur terrible frappe le jeune couple : trente-deux jours à peine après la naissance d'Icilio, la petite Virginia meurt à l'âge d'un an et quatre mois. Très vite, les

«En l'an mil huit cent trente-six, ce seizième jour d'avril, ont comparu devant moi soussigné, Maire de la commune de Busseto, division de Borgo San Donnino, Duché de Parme, le Signor Verdi Giuseppe, fils de Carlo et de Uttini Luigia encore vivants, âgé de vingt-deux ans, Chef de Musique de la commune de Busseto, né et résidant à Roncole, village de cette même commune, et la Signora Barezzi Margherita Francesca Maria, fille d'Antonio et de Demaldè Maria encore vivants, âgée de vingt et un ans, célibataire, née et résidant à Busseto, qui ont déclaré devant moi leur intention d'être unis par les saints nœuds du mariage, et, conformément à la loi, ils ont fourni leurs certificats de naissance, inclus dans ce registre. [...] Toutes les personnes présentes ont donné leur consentement au mariage.»

Certificat de mariage de Verdi.

malheureux parents décident de quitter Busseto, pour oublier, pour chercher un avenir meilleur.

Le 8 septembre, Verdi et sa femme arrivent à Milan : rien n'est encore gagné et Verdi est bien près de céder au découragement. Mais un espoir se présente soudain, un espoir au visage de femme et à la voix de femme : cet espoir s'appelle Giuseppina Strepponi.

Le 26 février 1776, un violent incendie détruit le Teatro Regio Ducale. Le 15 juillet, Marie-Thérèse, impératrice d'Autriche et duchesse de Milan, signe le décret autorisant la constitution d'un nouveau théâtre. Les travaux commencent dès le 15 août. Moins de deux ans plus tard, le 3 août 1778, on inaugure le nouveau théâtre avec un opéra d'Antonio Salieri, *Europa Riconosciuta.*

Giuseppina Strepponi, une prima donna dans le rôle de la bonne fée

De Mantoue à Bologne, de Venise à Brescia, de Livourne à Rome, de Florence à Bergame, Giuseppina Strepponi remporte succès sur succès. Considérée comme une *prima donna assoluta,* elle est engagée pendant les cinq premières années de sa carrière dans vingt-sept théâtres... Jeune, gracieuse sans être belle, un peu petite, intelligente, fine et charmante, elle suscite l'admiration du public qui court l'applaudir chaleureusement. Elle chante avec un art parfait mais le sentiment, chez elle, domine la virtuosité.

Elle se lie finalement avec l'imprésario Merelli, qui l'a emmenée à Vienne et l'a prise sous sa protection. Lorsqu'il devient directeur artistique de la Scala, la Strepponi est invitée à y chanter. Et pour ce printemps 1839, Merelli annonce trois opéras de Donizetti et un de Bellini, tous chantés par Giuseppina Strepponi. Giuseppe Verdi tente alors le tout pour le tout. Ravalant sa timidité et poussé par le désir si fort que son opéra soit joué, il va frapper à la porte de la célèbre chanteuse ; celle-ci le reçoit. Verdi lui joue son œuvre avec toute l'énergie passionnée qu'on peut mettre dans une telle chance, qu'il pense être la dernière. La Strepponi l'écoute, aime l'œuvre et l'assure de son soutien. De fait, quelque temps plus tard, Verdi est appelé chez Merelli qui lui annonce qu'il est décidé à créer son opéra... à la Scala même ! Il lui demande simplement quelques petites retouches dans le livret – que Verdi s'empresse de faire. Le bonheur enfin !

Née le 8 septembre 1815, Giuseppina Strepponi a d'abord appris la musique auprès de son père, qui lui enseigne le chant ainsi que le clavecin. Le 9 décembre 1830, à quinze ans, elle est admise au conservatoire de Milan. Dès la saison d'hiver 1834-1835, elle se produit à Trieste dans *Matilde di Sabran,* de Rossini, avec un grand succès. Tous les imprésarios se la disputent alors.

Giuseppe embrasse Margherita, embrasse le petit Icilio, a une pensée émue pour sa malheureuse Virginia et se remet au travail avec une joie à laquelle il ne croyait plus.

1839 : avec *Oberto, conte di San Bonifacio*, le public de la Scala découvre un nouveau musicien

Octobre 1839, l'opéra est prêt pour les représentations, on va le mettre en répétitions. Quand, le 22 octobre, la foudre du malheur vient encore frapper : le petit Icilio meurt, à l'âge d'un an et quatre mois, comme sa sœur. Le désespoir écrase les jeunes époux.

Pourtant les répétitions de son opéra commencent à la Scala : Verdi doit faire taire sa douleur pour les suivre. Et, le 17 novembre 1839, *Oberto, conte di San Bonifacio,* premier opéra de Giuseppe Verdi, est créé à la Scala avec un succès suffisamment honorable : il y aura quatorze représentations pour réchauffer un peu le cœur meurtri du jeune auteur.

Merelli, avisé, fait aussitôt une proposition à Verdi : il lui offre «un contrat pour écrire trois opéras destinés à être représentés à la Scala ou au théâtre de Vienne (dont il est aussi l'imprésario). En contrepartie, Giovanni Merelli paiera quatre mille lires par opéra, les bénéfices provenant de la vente des partitions devant être partagés par moitié entre le compositeur et l'imprésario.» Verdi accepte et Merelli charge Gaetano Rossi de fournir un livret à Verdi. Celui-ci fabrique en peu de temps *Il Proscritto (le Proscrit),* mais le livret ne plaît guère à Verdi, qui hésite à le mettre en musique. Justement, au début de 1840, Merelli fait venir Verdi et lui explique que, «pour des raisons spéciales de répertoire», il a besoin pour l'automne d'un *opera buffa* plutôt que d'un *opera seria;* il propose donc au compositeur de remettre *Il Proscritto* à plus tard et de lui fournir un autre livret. «Je ne refusai pas l'invitation, raconte Verdi, et Merelli me donna à lire différents livrets de Romani. Je les lus et les relus sans qu'aucun me plaise, mais, étant donné les pressions qu'on me faisait, je choisis celui qui me parut le moins mal, *Il finto Stanislao,* baptisé depuis *Un giorno di regno.*»

La «maledizione», l'étoile du malheur s'acharne sur Verdi

Verdi s'astreint donc à mettre en musique *Un giorno di regno.* Dès les premières pages, il tombe malade.

Sa constitution physique est robuste, il peut travailler des journées entières mais, depuis son enfance, il est sujet aux maux de gorge. Il reste donc au lit de longs jours avec une angine puis entre en convalescence. Pourtant l'étoile du malheur s'acharne sur lui : au moment où il reprend la composition de son opéra bouffe, dans les premiers jours de juin, sa jeune épouse est atteinte d'une grave encéphalite. Son père accourt de Busseto juste à temps pour recueillir son dernier soupir. C'est le 18 juin 1840. Le sol se dérobe sous les pieds de Giuseppe. Que lui reste-t-il ? La consolation de sa jeunesse, celle qui donnait l'essor à ses espérances, sa conseillère, son inspiratrice n'est plus là, près de lui. Elle s'est éteinte à vingt-six ans, huit mois après le petit Icilio, vingt et un mois après la malheureuse Virginia.

C'est dans cet état d'abattement, de désespoir, que Verdi doit donc achever la composition d'un opéra bouffe : on imagine combien la verve comique est loin de son esprit. Il vient pourtant à bout de la partition, en homme scrupuleux de ses engagements. Et, le 5 septembre 1840, on crée à la Scala cette seconde œuvre de Verdi, *Un giorno di regno*, en présence du compositeur, tout de noir vêtu, le cœur brisé, l'esprit martyrisé. C'est un échec complet. L'opéra n'aura qu'une seule représentation : un jour de règne, comme si le titre avait été prémonitoire.

Verdi est épuisé, sa vie lui semble une impasse. Le monde s'est comme effondré sous lui. C'est l'automne. Un vent tourbillonnant souffle dans les rues de Milan. Verdi est seul.

Nabucco, le miracle de la re-naissance

Et puis, cette rencontre un soir de décembre. Un hasard. Giuseppina Strepponi encore une fois pour aider le hasard. Et le 9 mars 1842, un jeune homme de vingt-huit ans relève la tête sous les acclamations du public. Il faut oublier le malheur. Il faut combattre. Il faut vivre. *Nabucco* vient de faire naître Verdi.

« Va, pensée, sur tes ailes dorées ;
Va, pose-toi sur les coteaux et les collines
D'où s'exhale, tiède et humide,
Le doux air du sol natal !
Salue les rives du Jourdain
Et les tours renversées de Sion...
O ma patrie si belle que j'ai perdue !
O souvenir si cher et si fatal !
Harpe d'or des devins fatidiques,
Pourquoi pends-tu, muette, aux branches du saule ?
Ranimant dans nos cœurs les souvenirs,
Parle-nous du temps passé !
Fais entendre quelque triste complainte,
Qui rappelle le sort de Solime,
Ou bien que le Seigneur t'inspire une harmonie
Qui nous enseigne à supporter nos souffrances ! »

Chœur des Hébreux, Acte III, scène IV

Après le triomphe de *Nabucco*, Verdi est fêté et devient soudain un personnage que les riches bourgeois ou les salons nobles se disputent l'honneur d'inviter. Lui, un peu sauvage, bourru, avec cette méfiance paysanne qu'il gardera toujours envers les snobs et les mondains, n'apprécie guère ces nécessités du «service après-vente» qui ressemblent bien à la promotion que doit assurer aujourd'hui n'importe quel artiste dans les studios de radio ou de télévision.

CHAPITRE II

UN COMPOSITEUR GALÉRIEN

Après les années de misère, les années de galère. Verdi est débordé par le succès ; il doit produire, sans cesse produire. Mais le compositeur est touché par la grâce et, opéra après opéra, le miracle se renouvelle.

Voici donc Verdi fréquentant le salon de la comtesse Maffei – dont il se fera une amie chaleureuse à la fidélité inaltérable –, et puis celui de Mme Appiani, égérie de Donizetti, le compositeur alors à la mode.

Mais il est aussi le héros du public : prévu pour huit représentations, son *Nabucco* en atteindra cinquante-sept entre août et novembre 1842. Record absolu pour la Scala ! Verdi peut payer ses dettes et Merelli, imprésario avisé, s'empresse aussitôt de lui commander un nouvel opéra, lui laissant le choix du sujet.

Nabucco a marché à cause du caractère patriotique que les spectateurs ont lu en filigrane de cette histoire d'Hébreux opprimés par les Assyriens, au moment où eux-mêmes, Italiens, le sont par les Autrichiens – et le «tube» de l'opéra a été (et demeure encore) le magnifique chœur des Hébreux *(Va pensiero)*, véritable hymne à la liberté. Verdi choisit donc à nouveau un sujet patriotique, *I Lombardi alla prima crociata (les Lombards à la première croisade)*, avec des chœurs, de grandes mélodies, de la vigueur, du mouvement et de l'action, cette action se passant qui plus est en Lombardie, dont Milan est la capitale !

Même cause, mêmes effets : le 11 février 1843, moins d'un an après *Nabucco, I Lombardi* est créé à la Scala devant un public trépignant d'enthousiasme qui a fait des heures de queue pour obtenir des places. Triomphe. Bravo maestro. *Bravi tutti.* Verdi est lancé : il a 30 ans.

C'est aussitôt après le succès de *Nabucco* que Verdi est présenté à la comtesse Maffei, qui tient salon dans une maison près de la Scala, via dei Tre Monasteri. Jolie, cultivée, elle saura créer entre elle et Verdi des relations d'estime et de sympathie réciproques qui, petit à petit, grandiront jusqu'à devenir une noble et profonde amitié.

«Ce sera une soirée triomphale, le couronnement de Verdi comme le premier compositeur du monde. Hier, j'ai assisté à la répétition. Tous les morceaux ont été applaudis. Quel vacarme ce soir ! Quel plaisir de voir arriver des gens de partout ! Bravi ! A *Ernani !* Venez gonfler le triomphe de Verdi !»

Giovannino Barezzi

Maintenant qu'il est à la mode, Verdi va être sollicité par tous les directeurs d'opéra de la péninsule

C'est le comte Mocenigo, directeur de la Fenice de Venise, qui tire le premier : Verdi accepte d'aller y diriger lui-même ses *Lombardi* pour l'ouverture de la saison 1843-1844, et surtout d'écrire un nouvel opéra destiné à ce théâtre, un des plus importants d'Italie avec la Scala. L'œuvre devra être prête pour la mi-décembre 1843. Le compositeur déclare qu'il lui est possible de terminer la composition pour cette date mais pas l'orchestration, qu'il a «l'habitude de ne faire qu'après les premières répétitions au piano». Nous savons, par Verdi lui-même, qu'il ne lui faut pas beaucoup de temps pour orchestrer : l'idée se présente complète à son esprit, mélodie et accompagnement orchestral. «Lorsqu'on le voit orchestrer, expliquera plus tard son ami Pérosio, on dirait qu'il copie de la musique. Il n'emploie pour ce travail que le temps nécessaire à écrire les notes sur le papier !»

Pour l'heure, Verdi cherche un livret qui l'inspire. «Ah ! si l'on pouvait faire Hernani !» Le drame de Victor Hugo a déjà tenté d'autres compositeurs italiens : Bellini, qui n'en a composé que quelques morceaux, Gabussi, Mazzucato. Peu importe. Ce ne sera pas la seule fois que se pose à Verdi la question de travailler sur des sujets déjà traités par d'autres compositeurs ; cela se fait couramment à l'époque et ne choque personne. Va donc pour *Hernani*, qui devient en italien *Ernani*.

Verdi dresse lui-même le plan de l'opéra et charge le jeune Francesco-Maria Piave d'en écrire les vers. On est déjà à la mi-septembre. Verdi se met aussitôt au travail, avant même d'avoir reçu tout le livret. Dans les premiers jours de novembre il a déjà composé la musique de trois actes et attend avec impatience que Piave lui remette le quatrième et dernier acte ! Car Verdi galope devant son poète. Il construit son opéra, le façonne à l'image de sa musique qui prime tout. Il fait adhérer chaque partie du livret à un événement du drame, dessine les situations, les découpe en scènes. Il ne demande au poète que les vers, lui indiquant jusqu'au nombre de mots, de syllabes ou même de pauses dont il a besoin pour sa musique !

Le 9 mars 1844 au soir, deux ans exactement après le triomphe de *Nabucco* à la Scala, *Ernani* enflamme les Vénitiens

Leur enthousiasme va croissant, tant et si bien que, la saison de la Fenice à peine achevée, le théâtre San

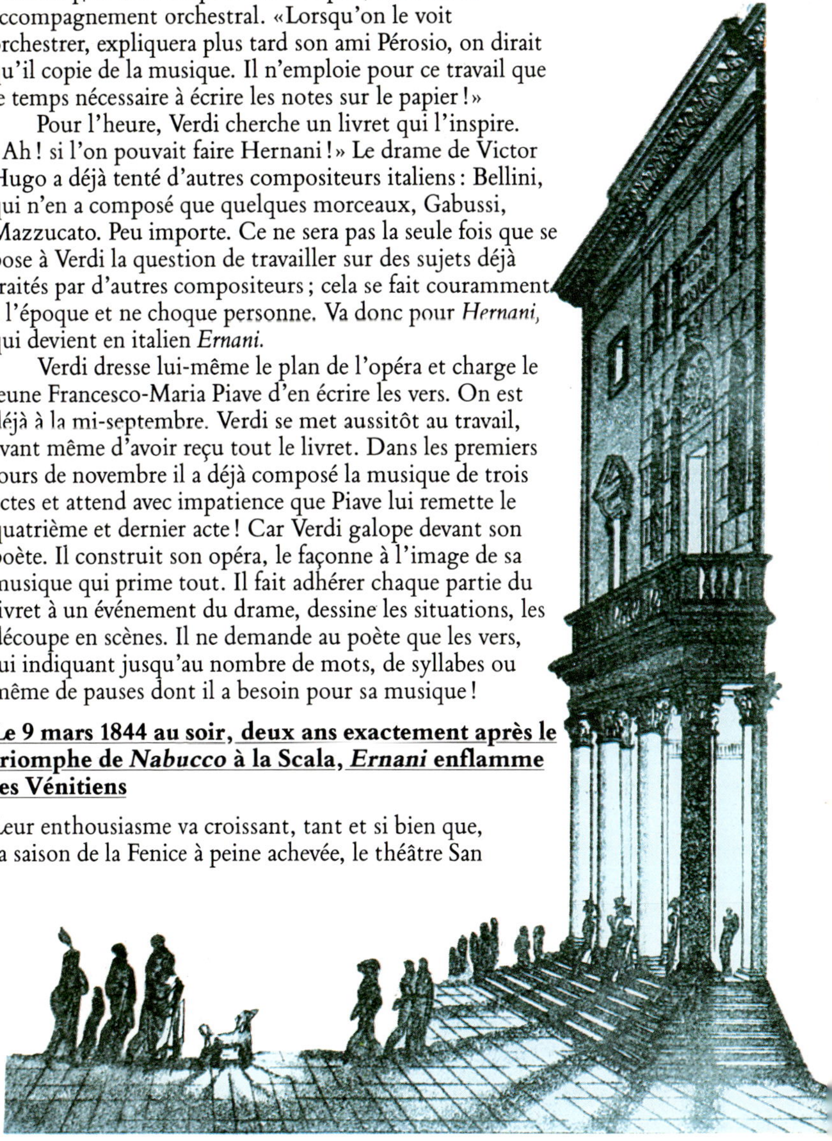

Benedetto reprend l'opéra dont les Vénitiens ne se rassasient pas ! Plus de vingt théâtres italiens demandent à le représenter immédiatement. De Vienne, Donizetti lui-même demande à Verdi de l'autoriser à jouer *Ernani* dans le théâtre qu'il dirige. Les directeurs de Paris et de Londres font la même demande. Les éditeurs Giovanni Ricordi et Francesco Lucca font assaut d'offres somptueuses pour s'attacher le compositeur.

Poussé par la popularité, le maestro Verdi devient galérien

Nabucco, I Lombardi, Ernani : les succès accumulés ont fait de Verdi une star – mais il se doit en conséquence d'assumer ses obligations de star, en étant constamment à l'avant-scène, en répondant sans relâche aux sollicitations du public et des imprésarios. C'est la spirale infernale que connaissent si bien aujourd'hui toutes les vedettes du showbiz : et c'est ce que Verdi lui-même appellera ses «années de galère». Il compose comme un forcené, un à deux opéras par an, sans compter les nombreuses reprises

« Je vous ai dit que le Maître est en train de rendre fous les éditeurs de musique. L'éditeur Lucca l'est par moments complètement (...) Si le Maître (lui) promet une partition, il se peut qu'il guérisse de sa folie, mais je n'y crois pas. La femme dudit éditeur est venue pleurer chez le Maître et l'a conjuré de lui donner la propriété d'un de ses opéras. Elle lui donnera ce qu'il veut en contrepartie. Lui ne veut rien donner. Cette dame lui disait que lorsqu'elle est au lit avec son mari, elle ne fait que soupirer : le Maître lui a demandé si elle ne faisait que cela, et de la même manière il prend tout en riant et s'en débarrasse. »

Emanuele Muzio

❝Voici le mécanisme des théâtres d'Italie : un entrepreneur (...) prend l'entreprise du théâtre de la ville où il brille ; il forme une troupe, toujours composée de la *prima donna*, le *tenore*, le *basso cantante*, le *basso buffo*, une seconde femme et un troisième bouffe. L'*impresario* engage un maestro (compositeur), qui lui fait un opéra nouveau, en ayant soin de calculer ses airs pour la voix des sujets qui doivent les chanter. L'impresario achète le poème (libretto) ; c'est une dépense de 60 ou 80 francs. L'auteur est quelque malheureux abbé, parasite dans quelque maison riche du pays. L'impresario remet le soin de toutes les affaires financières de son théâtre à un régisseur, qui est d'ordinaire l'avocat archifripon qui lui sert d'intendant ; et lui, l'impresario, devient amoureux de la prima donna : le grand objet de curiosité dans la petite ville est de savoir s'il lui donnera le bras en public.❞

Stendhal,
Vie de Rossini.

de ses œuvres dans la plupart des opéras d'Italie car tous veulent l'avoir à l'affiche, poussés en cela par le public qui réclame du Verdi à cor et à cri.

Tout, bien sûr, dans cette production à la mitraillette, n'a pas le temps d'être soigné, mijoté, affiné et Verdi compte souvent plus, pour boucler ses partitions, sur son élan naturel et son sens inné du théâtre et de la musique que sur le mûrissement, forcément lent, que requiert une œuvre. Mais il faut comprendre qu'à l'époque de Verdi l'opéra n'est pas un spectacle momie pour musée poussiéreux, c'est un spectacle vivant, actuel, pour lequel, en Italie particulièrement, tous se passionnent. Quelque chose qui tiendrait à la fois du cinéma et du football : débarrassé des afféteries de cour du siècle précédent et pas encore tombé dans les spéculations intellectuelles puis dans la nostalgie rétro de notre époque, l'opéra est un art populaire. Et le peuple veut du Verdi.

Le maestrissimo va donc enchaîner coup sur coup toute une série d'œuvres qui, chaque fois ou presque, contribuent un peu plus à hausser son nom au sommet des

affiches et à agrandir dans le cœur de ses compatriotes la place privilégiée qu'il a su conquérir.

C'est ainsi qu'il donne *I Due Foscari* (d'après un sujet de Byron) à l'opéra de Rome. L'œuvre est créée le 3 novembre 1844 avec un grand succès, particulièrement pour la jeune Mariana Barbieri-Nini qui, à vingt-quatre ans, se révèle une très grande cantatrice.

Puis il donne à la Scala *Giovanna d'Arco (Jeanne d'Arc),* une Jeanne passablement éloignée de l'image à laquelle nous ont habitués les livres d'histoire. Dans l'opéra de Verdi, Jeanne est en proie aux maléfices de son père, Jacques ; elle est amoureuse du roi de France Charles VII, et ne meurt pas brûlée vive à Rouen mais d'un mauvais coup de lance reçu sur le champ de bataille ! Créée le 15 février 1845, l'œuvre remporte un succès public mais recueille des avis mitigés de la critique. Il semble en fait que les conditions réunies par Merelli, le patron de la Scala, pour ces représentations n'aient pas été les meilleures – Verdi en manifestera une certaine mauvaise humeur avec éclat. Le ton monte d'ailleurs depuis quelque temps entre les deux hommes mais le sommet est atteint quand Merelli fait une reprise des *Due Foscari* en intervertissant les deux derniers tableaux ! Verdi craque et claque la porte de la Scala : il y refusera pendant vingt-cinq ans toute nouvelle collaboration. Ainsi le premier opéra d'Italie devait-il être boycotté pendant un quart de siècle par le premier compositeur italien !

Verdi est déjà enfoui dans la composition de son ouvrage suivant, *Alzira,* d'après une tragédie de Voltaire,

De 1839, date du premier opéra, à 1846, Verdi a composé pas moins de 9 opéras, dont 7 entre 1842 et 1846 ! Cela dénote une puissance de travail exceptionnelle, et montre aussi qu'à la différence d'aujourd'hui, les opéras ne nécessitaient pas des années d'élaboration. En fait pas plus qu'aujourd'hui un film.

qu'il destine au San Carlo de Naples. *Alzira* est loin d'être le chef-d'œuvre de Verdi et, si le 12 août 1845, il remporte un honorable succès du côté des fans du maestro, l'accueil général est pourtant mitigé, avec juste raison. Quelques années plus tard, sa maturité atteinte, Verdi n'hésitera pas à affirmer à propos d'*Alzira*: «Cet opéra-là, il est franchement mauvais.»

Les œuvres se multiplient, leur succès est inégal

Exit *Alzira,* arrive *Attila.* Verdi, guère satisfait de son dernier ouvrage, décide de se donner du temps pour peaufiner son nouvel opéra : il y travaille pendant sept mois, ce qui, à ce moment de sa carrière, constitue un long délai.

Créé le 17 mars 1846 à la Fenice de Venise, *Attila* est un succès considérable. La salle délire, les applaudissements se conjuguent aux ovations et le soir, après la représentation, on raccompagne Verdi chez lui avec des couronnes, des orchestres, des torches. Les journaux étalent sur plusieurs colonnes des louanges dithyrambiques. Verdi, gardant la tête froide, écrit le lendemain à son amie la comtesse Maffei : «Mes amis veulent que ce soit là mon meilleur opéra. Le public en discute. Pour moi, je dis qu'il n'est inférieur à aucune de mes autres œuvres. Le temps décidera.» Dans les six mois qui suivent, *Attila* triomphe partout : de Florence à Ferrare, de Livourne à Rovigo, de Vicence à Crémone, de Trieste à Reggio, c'est le même enthousiasme, la même «fureur indescriptible», comme l'écrit un chroniqueur d'alors.

Verdi voudrait pouvoir se reposer, se refaire une santé. Ses médecins le lui prescrivent. Mais il doit se rendre à Londres pour un nouveau contrat à honorer. Le docteur Namias, de Venise, lui établit alors un certificat où il déclare que le maître, «dans l'état où il se trouve, ne pourrait sans encourir une mort certaine entreprendre actuellement un voyage à Londres, ni assumer de longs et fatigants travaux.» Pourtant, à quelques jours de là, le fidèle Muzio écrit à Barezzi que le maître «continue à se bien porter et, comme on dit, se remplume. Il ne fait rien, n'écrit pas, n'a aucune occupation. Il s'amuse seulement à faire des promenades à pied ou en voiture : il en a cinq ou six à sa disposition, car tous ces messieurs qui le courtisent rivalisent pour le divertir. Quelquefois, vers midi, il va à la

Avec *Attila,* Verdi veut oublier cette *Alzira* qui lui laisse un arrière-goût amer : il faut que cette nouvelle œuvre apparaisse comme son chef-d'œuvre. Pour cela il renoue avec l'opéra engagé, patriotique, qui a fait le succès de *Nabucco* et des *Lombards,* et qui lui a acquis l'hostilité des censeurs et des polices gouvernementales en même temps que l'estime des hommes du *Risorgimento.* Il met en scène un épisode de la conquête de l'Italie par le chef des Huns : un général romain et une patriote réussissent à sauver le pays.

campagne ou bien à Monza, à Cassano ou à Treviglio en bateau, rentre vers cinq heures et se repose. S'il continue à mener cette vie, il sera vite rétabli.» En fait il semble bien que la «maladie» de Verdi ait été surtout un intense ras-le-bol, une sorte de fatigue excessive devant l'accumulation des obligations et la pression exercée sur lui, le besoin de souffler simplement.

La pause ne peut être de longue durée. Les sollicitations s'accumulent. Finalement Verdi accepte de se rendre aux désirs de Florence : mais que mettre en train ? Il songe aux *Brigands* de Schiller, à *l'Aïeule* de Grillparzer, au *Macbeth* de Shakespeare, et se décide finalement pour ce dernier. Aussitôt, il oublie fatigue, ennuis, tracas ; il écrit lui-même le livret en prose, le distribue en actes, scènes, morceaux, et charge Piave de le versifier. La composition de *Macbeth* commence lentement («Le maître écrit tout doucement, tout doucement», confie Muzio), mais surtout s'effectue différemment de tous ses opéras précédents. Pour «une des plus grandes tragédies jamais écrites», Verdi veut trouver un équivalent musical qui ne soit pas routinier. Verdi, en effet, adore Shakespeare : «Il est l'un de mes poètes préférés et je l'ai lu et relu sans cesse depuis ma plus tendre enfance.» Toute sa vie, d'ailleurs, il désirera écrire un *Roi Lear,* et ses deux derniers opéras seront *Otello* et *Falstaff.*

Pour sa première rencontre musicale avec Shakespeare, dans l'éclat sanglant de *Macbeth*, Verdi cherche une forme d'écriture nouvelle

Il ne veut pas d'un collier d'airs enfilés à la suite ; il cherche quelque chose qui puisse figurer ce souffle brûlant, passionnel de l'œuvre. Il y travaillera plus de six mois, ce qui est considérable pour lui, s'y absorbant en refusant toute diversion.

A la mi-février 1847, la partition achevée, Verdi part pour Florence, voulant veiller personnellement sur la mise en scène et les répétitions de cet ouvrage de facture originale. La distribution le préoccupe aussi : il a bien le baryton qu'il souhaite, Felice Varesi, pour lequel il a composé le rôle de Macbeth, mais la lady Macbeth qu'il espérait, Sophie Loewe, se retire : elle n'est plus sûre de sa voix et préfère se marier et devenir princesse de Liechtenstein... Coup dur pour Verdi qui a une idée précise de la chanteuse à laquelle doit revenir le rôle de lady

Macbeth porte bien évidemment la marque de Shakespeare. L'œuvre en reçoit la secousse, avec des traits fulgurants et quelques éclats tragiques qui sont déjà du plus grand Verdi : le duo angoissé de Macbeth et de son épouse après le meurtre de Duncan au Ier acte ; le banquet et l'apparition de Banquo au IIe acte, et surtout la grande scène de somnambulisme au dernier acte, où la convention romantique de ce type de scène est transcendée jusqu'à devenir proprement inquiétante dans sa force hallucinatoire. Le rôle de lady Macbeth est d'ailleurs le plus fort de l'œuvre, le plus difficile aussi, la voix parcourant à la fois des tessitures de mezzo-soprano et de soprano dramatique.

Macbeth : il faut que ce soit une soprano qui possède des qualités *colorature* (c'est-à-dire une grande agilité vocale dans l'aigu) en même temps que de non moins indispensables qualités dramatiques et, pour la scène de somnambulisme, une voix sombre, presque rauque, au timbre creux, voilé... C'est dire qu'il lui faut un oiseau rare ! On lui offre la Tadolini, mais elle est d'une beauté angélique quand lady Macbeth doit paraître démoniaque. Refusée. C'est finalement Mariana Barbieri-Nini qui fera l'affaire, au terme de répétitions acharnées et souvent orageuses entre Verdi et ses interprètes.

On assiste ainsi à des scènes violentes avec l'interprète de Banquo qui, une fois assassiné, refuse de reparaître en spectre muet au tableau du banquet : « Il serait ridicule, déclare Verdi, qu'un figurant fasse le spectre, car le public doit pouvoir reconnaître Banquo immédiatement. » Verdi a raison : c'est une conception moderne du théâtre qu'il défend ainsi. De la même manière, pour la scène de l'apparition des rois au tableau des sorcières, il précise : « Les rois ne doivent pas être des mannequins mais huit hommes en chair et en os, défilant derrière un voile gris, opaque quand on l'éclaire

Mariana Barbieri-Nini, créatrice du rôle de lady Macbeth, se souvient des répétitions : « Pour Verdi, il y avait deux points culminants dans l'opéra : la scène de somnambulisme et mon duo avec le baryton. Cela vous paraîtra difficile à croire, mais c'est vrai que la scène de somnambulisme, à elle seule, nous prit trois mois d'étude. Pendant trois mois, j'essayai d'imiter ceux qui parlent dans leur sommeil, articulant les mots, comme le maestro me le disait, en bougeant à peine les lèvres, laissant les autres parties du visage immobiles, y compris les yeux... C'était assez pour vous rendre folle ! »

par devant, transparent quand on éclaire ce qui se trouve derrière.» C'est le même souci d'obtenir des effets particuliers de perspective sonore qui le fait, pour le tableau des apparitions, placer un groupe de musiciens sous la scène, avec une trappe ouverte de façon à diffuser le son sans qu'il paraisse localisé : «Les timbres doivent paraître mats et voilés.»

L'effet sur le public florentin, lors de la création le 14 mars 1847, semble considérable, mais les spectateurs ne paraissent guère s'apercevoir du caractère novateur de l'œuvre. L'enthousiasme n'atteint pourtant pas les flambées de *Nabucco* ou d'*Attila,* encore que très vite *Macbeth* soit affiché dans les principaux théâtres d'Italie.

Verdi sera amené quelque vingt ans plus tard à reprendre et transformer son opéra. C'est dans cette version révisée, présentée à l'Opéra de Paris le 19 avril 1865, que l'œuvre s'est ensuite imposée et qu'elle a pratiquement toujours été jouée depuis.

Où le maestro revient aux galères

Après le succès de *Macbeth,* l'engrenage est relancé et la roue folle recommence à tourner. C'est le «retour aux galères» pour Verdi qui doit satisfaire les directeurs d'opéra et leur public qui piaffent d'impatience.

On se souvient qu'il avait déclaré forfait pour Londres après *Attila.* Pas question d'y couper cette fois. Après quelques atermoiements, hésitations, bougonnements, le maestro écrit pour le Her Majesty's Theatre ces *Masnadieri* (*les Brigands*) d'après l'œuvre de Schiller, qu'il avait déjà esquissés avant de se vouer totalement à *Macbeth.* Dans les derniers jours de mai 1847, il se met donc en route pour la capitale britannique. Comme partout, sa popularité est immense. On se l'arrache mais, lui, préfère superviser les répétitions de son opéra, d'autant que la première prévue le 22 juillet doit avoir lieu en présence de la reine et du Parlement tout entier. Et l'œuvre

est attendue avec un intérêt particulier car c'est le premier opéra écrit spécialement pour Londres par un compositeur italien moderne. Ni Rossini, ni Bellini, ni Donizetti n'ont eu de commande d'un théâtre anglais.
Dès quatre heures et demie de l'après-midi, la foule envahit le théâtre avec une furie qu'on n'avait jamais vue. La recette est considérable. On acclame sans fin le maître et les chanteurs ; les fleurs, les rappels sont innombrables. Pourtant l'œuvre ne tiendra guère l'affiche. Mais Verdi a déjà quitté l'Angleterre. Paris le réclame à grands cris.

«Je n'ai jamais entendu de plus mauvais chanteurs ni de plus médiocres choristes. L'orchestre même est au-dessous de la médiocrité...»

Jugement bien sévère à propos de Paris... Il reste que l'on y donne des opéras dans des mises en scène fastueuses, et puis c'est, malgré tout, le plus célèbre théâtre du monde !

Mais Verdi n'a ni le temps ni la force de mettre en chantier une nouvelle œuvre : il choisit donc de remanier *I Lombardi* qui n'ont pas encore été représentés en France. Les croisés lombards deviennent français, Milan se change en Toulouse et *Jérusalem* – c'est le nouveau titre choisi – est présenté le 26 novembre 1847 devant le public parisien, qui lui fait un accueil sans chaleur.

En fait, Verdi est heureux d'avoir retrouvé à Paris sa chère Giuseppina Strepponi qui s'y est établie et donne à présent des leçons de chant très prisées. L'amour les enflamme à nouveau. Elle a trente-deux ans, lui trente-quatre. Ils ne se sépareront plus.

Il n'est pas question de goûter le bonheur dans le *farniente* d'une quelconque *dolce vita*. Car, même si à Paris Verdi et la Strepponi fréquentent les salons les plus huppés, le compositeur parvenant même au contact de sa belle amie à perdre un peu de sa sauvagerie, il lui faut pourtant honorer ses obligations – la dernière en date étant un opéra promis à l'éditeur Lucca. Ce sera *Il Corsaro (le Corsaire)*. La première lieu à Trieste le 25 octobre 1848. L'opéra est plutôt mal reçu : les Italiens, dans le contexte politique qui les agite, attendaient du «maestro de la révolution» un nouvel opéra patriotique, ce que *Il Corsaro*, tiré d'un poème de lord Byron, n'est absolument pas. On ne peut dire que Verdi en soit affecté : «Cette musique que j'ai écrite sans y attacher d'importance, pour me débarrasser d'un éditeur odieux, manque probablement d'inspiration.»

«Écrire encore des opéras pour Londres ? Quelle idée ! Imaginez ce que c'est : se trouver toute la journée en compagnie de deux poètes, deux imprésarios, deux éditeurs (ici on est toujours deux pour travailler), engager une prima donna, arranger un sujet pour un livret, etc. etc. Dites-moi, n'est-ce pas assez pour vous rendre fou ?...
Je resterai ici jusqu'aux environs du 20 novembre, et à la fin de ce mois je verrai de nouveau la coupole du Duomo. Ma santé est meilleure qu'à Londres. Je n'aime pas Paris autant que Londres, et j'éprouve un dégoût profond pour les *Boulevards* (chut, que personne ne m'entende proférer un tel blasphème)...»

En 1842, Giuseppina Strepponi avait sauvé Verdi du désespoir en acceptant de créer le rôle d'Abigail dans Nabucco. Cinq ans plus tard, ils s'installent ensemble dans une maison de Passy. Ils vivent neuf mois à Paris, assistant aux événements de la révolution de 1848.

La vie lyrique à Paris : le théâtre des Italiens

Destiné à représenter en permanence des opéras italiens, le théâtre passe de salle en salle avant de s'installer, pour sa période la plus brillante, dans la salle Ventadour, de 1841 à 1878. L'inauguration a lieu avec *Sémiramis* de Rossini, qui est alors, avec Donizetti, le compositeur le plus en vogue. Verdi s'y impose très vite : *Nabucco,* créé trois ans plus tôt à la Scala, y est donné le 16 octobre 1845. Viendront ensuite *Ernani,* en janvier 1846, et *I Due Foscari* en décembre de la même année.

« Avant de parler des oiseaux, disons quelques mots de la cage que l'on a faite aussi riche, aussi dorée que possible, car les Bouffes (les Italiens) sont autant un salon qu'un théâtre et leur public presque entièrement composé d'hommes du monde exige impérieusement toutes les recherches du confortable et de l'élégance. Le ton de la salle est or et blanc, le fond des loges est grenat. La première galerie, qui a la forme d'une corbeille renversée, est en cuivre estampé dont les jours permettent d'apercevoir le bas de robe des femmes assises derrière. Aussi gare aux vilains pieds ou aux souliers mal faits, ce qui est à peu près la même chose. Le plafond représente un lacis de câbles dorés qui laissent voir un ciel de nuit étoilée. »

Théophile Gautier

La vie lyrique à Paris : le rendez-vous des élégances

Le théâtre attire non seulement les passionnés d'opéra, mais toute la haute société qui en fait un lieu de rencontre et de plaisirs. Les loges, louées à l'année, sont le cadre de réunions mondaines, de soupers fins, de chassés-croisés amoureux. Le foyer de la danse attire des «amateurs» qui viennent s'occuper de la carrière des danseuses...
A l'avènement du second Empire, en 1852, correspond la création de *Luisa Miller,* dont la première avait eu lieu au San Carlo de Naples, trois ans auparavant. En 1854, ce sera *le Trouvère,* dans une ambiance de fête, de luxe, d'émerveillement. *La Traviata* y sera donnée en 1856, avec l'une des plus jolies interprètes de l'époque, Marietta Piccolomini ; *Rigoletto,* en 1857, y connaîtra aussi un triomphe.

Verdi est préoccupé par les événements qui secouent Milan. Le 18 mars 1848, la population s'est soulevée et, en cinq jours, les fameuses *Cinque Giornate,* a réussi à chasser les Autrichiens. Charles-Albert et ses partisans du *Risorgimento* sont là et voient grossir leurs forces. Bientôt les ducs de Parme et de Modène sont renversés. La liesse populaire embrase la ville. On s'embrasse, on espère, on y croit. A Milan où il est accouru, Verdi rencontre Giuseppe Mazzini qui vient de rentrer d'exil.

CHAPITRE III

LE TEMPS DES CHEFS-D'ŒUVRE

Giuseppe Mazzini, patriote et écrivain politique, est le «penseur» de la révolution italienne. D'abord affilié aux *carbonari,* il fondera ensuite le groupe «Jeune Italie» et sera de toutes les luttes, de toutes les conspirations.

En retrouvant la ville débarrassée de son joug, Verdi éprouve cette fièvre excitante de participer à l'Histoire. Il se sent repris tout entier par son ardeur patriotique. Mais l'euphorie sera de courte durée : les Autrichiens reprennent bientôt le dessus et réoccupent Milan, procédant à de terribles représailles. Mazzini parvient à s'échapper et Verdi regagne Paris, la rage au cœur.

L'insurrection a échoué : Verdi ne renonce pas pour autant à la bataille

Il n'est pas dit qu'il ne fera rien pour servir la cause de ses compatriotes. Et quand on est compositeur, comment mieux agir que par la musique ? C'est donc un nouvel opéra «engagé» que Verdi décide de mettre en train. Il s'enquiert de quelques livrets et tombe très vite sur *la Bataille de Legnano* qui raconte l'histoire d'un empereur allemand, Frédéric Barberousse, battu par la Ligue lombarde, au sein de laquelle s'étaient unies les principales villes italiennes : on comprend l'allusion transparente. Verdi se met à l'œuvre d'arrache-pied, s'interrompant seulement pour écrire un hymne, *Suona la tromba,* sur les vers du jeune poète patriote Goffredo Manelli, et l'envoie à Mazzini avec cette indication : «Pour chanter avec accompagnement de canon dans les plaines de Lombardie.»

C'est dans les premiers jours de janvier 1849 que Verdi arrive à Rome : *la Bataille de Legnano* y sera créée le 27 dans une ambiance indescriptible. Déjà, à la répétition générale, le peuple a forcé l'entrée du théâtre et rempli la salle. Le compositeur est rappelé plus de vingt fois par une foule étalant ostensiblement rubans, écharpes, cocardes et autres banderoles patriotiques. Au moment du serment des soldats de la Ligue – «Vive l'Italie ! Un pacte sacré unit tous vos fils» – , un tumulte fantastique embrase la salle. Les acclamations «Vive Verdi ! Vive l'Italie !» éclatent avec une frénésie délirante. C'est un meeting, c'est un triomphe.

L'œuvre acquiert aussitôt une fantastique popularité. Tous les soirs le public exige que le quatrième acte soit bissé en entier ! Mais la censure s'émeut. Pour pouvoir faire reprendre l'œuvre hors de Rome, Verdi doit transformer le livret, changer Frédéric Barberousse en duc d'Albe, Milan en Harlem et remplacer l'Italie par les Flandres : l'opéra devient ainsi *la Bataille de Harlem* !

Face à l'occupant autrichien, les patriotes italiens se réunissent en différents groupes qui aspirent à la révolution. Le concept théorique du *Risorgimento*, mouvement de la renaissance du sentiment national, devient une idée populaire. Tous sont unis dans une même volonté de chasser les Autrichiens du sol national.
Ces idées cheminent dans le pays jusqu'à la grande vague européenne de 1848, qu'on a appelée le «printemps des peuples». L'insurrection éclate à Milan où les «Cinq Journées», du 18 au 22 mars, libèrent la Lombardie, tandis que Manin, de son côté, soulève Venise et que des troubles éclatent à Brescia. Jusqu'au 30 mai, la croisade anti-autrichienne bat son plein. Mais les dissensions internes facilitent la contre-offensive de l'Autriche : en quelques semaines la révolution est étouffée. Des bastions demeurent pourtant : le Piémont, où Victor-Emmanuel II parvient à maintenir une constitution ; Rome, tenue par Garibaldi et gouvernée par un triumvirat où se trouve Mazzini. Mais Rome tombe en juillet 1849 et Venise, dernier bastion de la lutte nationale, capitule le 23 août.

Sept ans de métier, l'âge de raison. Il est temps pour Verdi d'abandonner les flonflons

Sept années seulement se sont écoulées depuis *Nabucco.* Sept années de triomphe entrecoupé de quelques défaites. Sept années surtout enfermé chez lui à composer «de quatre heures du matin à quatre heures de l'après-midi avec un café dans le ventre». Sept années soutenues par une rage de créer, de consolider la réputation qu'il a su conquérir. *La Bataille de Legnano* va clore un premier cycle – où seul *Macbeth* se situe un peu en marge, préfigurant la maturité. Cette maturité qui apparaît avec *Luisa Miller.*

Nabucco a ouvert à Verdi la voie de la célébrité par l'intermédiaire de l'exaltation patriotique ; *les Lombards* ont poursuivi dans cette voie et *la Bataille de Legnano* en est le dernier fleuron. A côté de cette veine, Verdi a exploité le genre épique, le genre fantastique aussi, mais essentiellement l'éclat. Ils ressent à présent le besoin de resserrer son inspiration sur des œuvres qui, plus que les masses, mettent en jeu des individus, conception en fait plus romanesque, plus «bourgeoise» diront ses détracteurs.

Il doit un opéra au San Carlo de Naples : c'est le bon moment de mettre en œuvre un nouveau style, un nouveau look, dirait-on aujourd'hui. Bien sûr tout ne se passe pas ainsi de façon consciente dans l'esprit de Verdi, mais c'est le propre des artistes de déployer des forces qui les dépassent, de défricher des contrées nouvelles sans forcément tout comprendre de leur action. On peut appeler cela l'intuition. Ou le génie.

C'est donc à nouveau un drame de Schiller, *Kabale und Liebe (Intrigue et Amour),* qu'il choisit pour base de son nouvel opéra, un drame sans retentissement autre que celui des passions douloureuses d'êtres au cœur déchiré. Il travaille à cette *Luisa Miller* à partir d'août 1849. En octobre la partition est achevée : Verdi part pour Naples. De passage à Rome, il est averti de rumeurs inquiétantes sur la situation incertaine du San Carlo. Aussi, à peine arrivé à Naples, demande-t-il à la direction du théâtre de lui donner une garantie en déposant chez une personne de confiance les 3000 ducats qu'il doit toucher d'après les termes de son contrat. Mais le duc de Ventignano, un des administrateurs du théâtre, veut se mêler de l'affaire et le fait avec l'élégance d'un éléphant dans un magasin de porcelaine, prétendant exiger que Verdi remette sa

partition sans être payé comptant. Verdi déclare alors qu'il repart. Ventignano, toujours diplomate, menace alors de le faire arrêter. Verdi ne se laisse pas intimider et parle d'aller demander asile, avec sa partition, sur un des navires de guerre français mouillés dans la rade ! Tout finira pourtant par s'arranger...

L'œuvre surprend un peu les premiers auditeurs, qui ne retrouvent pas la manière du compositeur : cette mélancolie amère, cette douleur feutrée, cette tristesse sourde sont bien éloignées des grands étendards lyriques déployés jusque-là par Verdi. Pourtant, peu à peu, les Napolitains s'enthousiasment pour l'œuvre, qui obtient un succès de plus en plus grand. La passion qui gonfle sous le drame touche en fait le public au

«La salle du San Carlo est or et argent, et les loges bleu de ciel foncé. Les ornements de la cloison qui sert de parapet aux loges sont en saillie : de là la magnificence. Ce sont des torches d'or groupées et entremêlées de grosses fleurs de lis. De temps en temps, cet ornement, qui est de la plus grande richesse, est coupé par des bas-reliefs d'argent. J'en ai compté, je crois, trente-six. Les loges n'ont pas de rideaux, et sont fort grandes. Je vois partout cinq ou six personnes sur le devant. Il y a un lustre superbe, étincelant de lumière, qui fait resplendir de partout ces ornements d'or et d'argent. Rien de plus majestueux et de plus magnifique que la grande loge du roi, au-dessus de la porte du milieu ; elle repose sur deux palmiers d'or de grandeur naturelle. La draperie est en feuilles de métal, d'un rouge pâle. La couronne, ornement suranné, n'est pas trop ridicule. Par contraste avec la magnificence de la grande loge, il n'y a rien de plus frais et de plus élégant que les petites loges incognito, placées au second, contre le théâtre. Le satin bleu, les ornements d'or et les glaces sont distribués avec un goût que je n'ai vu nulle part en Italie. La lumière étincelante qui pénètre dans tous les coins de la salle permet de jouir des moindres détails.»

Stendhal,
Rome, Naples et Florence

profond du cœur quand les œuvres précédentes touchaient à l'épiderme, grattant, si l'on peut dire, les spectateurs là où ça les démangeait.

Installé avec la Strepponi dans sa nouvelle maison de Busseto, la villa Sant'Agata, Verdi se remet au travail

Il esquisse un nouvel opéra, *Stiffelio,* mais songe en même temps à un mélodrame espagnol, *el Trovador* – il demande à son librettiste de lui en préparer le livret –, sans pour autant abandonner l'idée d'écrire un opéra sur *le Roi Lear* de Shakespeare. Il entrevoit aussi la possibilité de mettre en musique *Manon Lescaut* de l'abbé Prévost et se souvient d'avoir été tenté par *Le roi s'amuse* de Victor Hugo... Mais il lui faut tenir son engagement pour Trieste : ce sera *Stiffelio.* Le 16 novembre 1850, l'œuvre ne recueille qu'un succès mitigé. Qui se transformera carrément en fiasco scandaleux lors de ses reprises à Rome et à Florence dans les mois qui suivent. Verdi essaie alors de changer le dénouement : le succès ne vient pas mieux. Il ne semble pas trop s'en affecter, même si, quatre ans plus tard, il écrit : «Parmi les opéras de moi qu'on ne représente pas parce que les sujets en sont contestables, il y en a un que je ne voudrais pas voir oublier, c'est *Stiffelio.*»

Quelques années plus tard, Verdi adaptant un

C'est le 1er mai 1848 que Verdi signe le contrat le mettant en possession des terrains de Sant'Agata. Très rapidement, il y fait effectuer des travaux qu'il dirige lui-même, se muant en architecte efficace. Le bâtiment se transforme en une demeure confortable et cossue, sans pourtant jamais perdre ce caractère de maison de campagne qui forme un tout avec les champs et les cultures qui l'entourent. Giuseppina en viendra même à trouver l'amour de Verdi pour la nature un peu envahissant : «Nous commençâmes, avec un plaisir infini, à planter un jardin qui, au début, fut appelé "le jardin de Peppina". Puis il s'agrandit et s'appela "son" jardin... Il y règne en maître et mon domaine a été réduit à quelques empans...»

nouveau livret à son opéra, essaie de le sauver : l'opéra new look, baptisé *Aroldo,* est créé à Rimini le 16 août 1857, dans une ville mise en transe par la venue de Verdi : les vitrines de la ville regorgent d'objets ayant trait au compositeur, des écrits à sa gloire sont placardés sur les murs, le comte Battaglini met à sa disposition dans son palais un somptueux appartement, offre que Verdi décline, préférant loger à l'auberge. Malgré l'action renouvelée, la musique remaniée, l'œuvre n'est pas devenue meilleure. Verdi aura beau être rappelé vingt-sept fois sur la scène et ses admirateurs auront beau se rendre en foule sous ses fenêtres pour l'acclamer, rien ne peut empêcher que cette nouvelle mouture ne soit une déception. Le sobriquet de *Stiffelio riscaldato* (Stiffelio réchauffé) qu'on lui accole aussitôt achève de le discréditer. *Aroldo* pas plus que *Stiffelio* ne devait compter parmi les chefs-d'œuvre du maestro.

Francesco Maria Piave est né à Murano, près de Venise, le 18 mai 1810. Jeune poète, il est recommandé à Verdi par l'impresario Mocenigo pour écrire le livret d'*Ernani,* d'après le drame de Victor Hugo. Il écrit ensuite pour lui une dizaine de livrets (*I Due Foscari, Macbeth, il Corsaro, Stiffelio, Rigoletto, la Traviata, Simone Boccanegra, Aroldo, la Forza del Destino*), et écrira également pour Balfe, Mercadante, Ricci... Il mourra à Milan, le 5 mars 1876.

En faisant un pied de nez à la censure, le maestro entre dans la zone des chefs-d'œuvre

Revenons aux premiers jours de 1851 : à Busseto, Verdi écrit avec passion un nouvel opéra, qu'il destine à la Fenice de Venise. Il convoque son librettiste, Piave, et lui fait écrire les vers en lui indiquant jusqu'aux mots qui lui conviennent à tel ou tel endroit. C'est que Verdi, avec *Le roi s'amuse* de Victor Hugo, pense avoir trouvé son meilleur sujet : «C'est peut-être le plus grand drame des Temps modernes, dit-il ; le bouffon Triboulet est une création digne de Shakespeare.» Le titre choisi pour l'opéra est *la Maledizione (la Malédiction)* – mais pour l'instant c'est une malédiction bien concrète qui s'abat sur lui, celle de sa vieille ennemie la censure.

Pas question pour les grands prêtres du ciseau de tolérer la représentation d'une œuvre qui oppose un «vil bouffon» à un souverain célèbre : «c'est dégoûtant», disent-ils à peu près. Le rapport du directeur de l'Ordre public, Carlo Martello, évoque en effet «le regret qu'il éprouve du fait que le poète Piave et l'illustre maestro Verdi aient choisi de rabaisser leurs talents jusqu'à l'immoralité révoltante et la trivialité obscène qui s'étalent dans le sujet intitulé *la Maledizione*», et décide en l'occurrence que la représentation en sera interdite. Colère de Verdi ; tempête, panique à la Fenice. Le théâtre intervient auprès du directeur de l'Ordre public.

Négociations, discussions : Martello accepte d'arranger l'affaire, moyennant un certain nombre de modifications. Il propose d'abord de changer le nom, la qualité et les attributions du premier rôle : plus de François Ier mais un obscur duc de Vendôme ; plus de monarque absolu ; plus de malédiction ; plus de caractère libertin chez un personnage revêtu d'une autorité aussi haute ; et plus de bouffon difforme, laid, répugnant. « Ainsi sont observés tous les égards que l'on doit à la décence théâtrale », estime le directeur de la Fenice qui se montre tout à fait satisfait de ce nouveau canevas. Mais Verdi, lui, explose : « Sur quoi suis-je supposé mettre ma musique ? » Et il ajoute, ce qui apparaît comme une sorte d'art poétique : « Il ne m'appartient pas de dire si ma musique est bonne ou mauvaise mais elle n'est certainement jamais fortuite. J'essaie de lui donner un caractère distinct en rapport avec le sujet. Or, on me propose de transformer un drame puissant et original en quelque chose d'ordinaire et de plat ! »

Nouvelles démarches, nouvelles négociations, et, finalement, établissement d'un protocole d'accord : « Étant bien établi, comme le maître y consent, le principe du changement de lieu et d'époque, le coloris et le caractère original du livret seront conservés. Le personnage substitué à François Ier pourra être un libertin même s'il est monarque absolu. Le bouffon pourra être difforme. On ne fera pas d'objection au sac pourvu qu'on donne au rapt de la fille du bouffon un caractère qui respecte les égards dus à la scène. » Verdi bougonne, pour le principe surtout, mais finalement accepte, d'abord parce qu'il tient à cette œuvre plus qu'à toutes celles qui ont précédé, et parce qu'en fait ces nouvelles dispositions l'amènent à des concessions finalement mineures, et qui, remarque-t-il, vont remarquablement dans le sens du drame qu'il a imaginé : « Les gens seront stupéfaits lorsqu'on saura que nous avons eu comme collaborateur un fonctionnaire de la police », plaisante même Verdi !

Le seul problème reste de trouver un nouveau titre : *la Maledizione* « offense les âmes qui ont peur de Dieu » ; et reprendre le titre de Hugo, *Le roi s'amuse,* serait « une dérision à la majesté royale ». On part donc de Triboulet, le nom du bouffon chez Hugo. « Triboletto ! », lance alors Verdi ; non, ce n'est pas cela ; il faut qu'il y ait à la fois la bouffonnerie et la dérision dans le nom ; on se souvient de

Rigoletto est le premier jalon de la nouvelle « manière » de Verdi : il y abolit les limites traditionnelles de l'opéra romantique, avec airs « fermés », ritournelles, orchestre de simple accompagnement, et commence à utiliser l'orchestre de façon autonome, jouant des effets de timbre des instruments (de la flûte pour l'air de Gilda au cor anglais pour l'imprécation de Rigoletto). Mais surtout il plie l'écriture vocale aux nécessités du drame sans plus se soucier des formes classiques de construction des airs. L'œuvre y gagne un élan, un mouvement comme d'un seul tenant – qui culmine au IVe acte dans un admirable et célèbre quatuor qui est à inscrire dans l'anthologie des grandes réussites de l'art lyrique.

l'expression française entendue à Paris, comment déjà... «rigoler», «rigolo», oui, voilà : va pour *Rigoletto*.

Créé le 11 mars 1851 dans une Fenice en liesse, *Rigoletto* est un triomphe absolu. Et, le lendemain, tout Venise fredonne *La donna è mobile*

Cette merveilleuse mélodie du ténor, Verdi, pour ne pas la déflorer, a refusé de la donner au chanteur avant le dernier moment, conscient qu'il était de sa séduction immédiate. C'est un triomphe que Verdi goûte plus que d'autres. Pas seulement à cause des difficultés qu'il a eues pour arriver à ses fins, mais parce qu'il sent qu'il atteint avec cette œuvre une maturité artistique qui assoit véritablement son style : «Ma longue expérience m'a confirmé dans les idées que j'ai toujours eues sur l'efficacité théâtrale. Pourtant, à mes débuts, je n'ai eu le courage que de les réaliser en partie. Par exemple, je ne me serais pas risqué il y a dix ans à écrire *Rigoletto,* alors que je refuserais aujourd'hui d'écrire sur des sujets dans le genre de *Nabucco,* des *Foscari,* etc.
Ils contiennent des passages intéressants mais sans variété. Ils jouent sur une corde unique, élevée si vous voulez, mais toujours la même.»

En effet, avec *Rigoletto,* ce n'est plus une suite de morceaux juxtaposés, de «numéros», mais un développement musical qui s'esquisse, lié à la substance dramatique, au cheminement de l'action. Bien sûr, il y a encore des airs, mais leur forme n'est plus taillée selon un moule préexistant, avec ses symétries obligées ; elle est

Alors que *Rigoletto* triomphe sur toutes les scènes d'Europe, il faudra attendre six ans pour le voir sur une scène française, à cause de l'opposition obstinée de Victor Hugo, qui s'irritait qu'on déposât «de la musique au bas de ses vers» ! Mais la justice, saisie par le poète, lui donnera tort et *Rigoletto* pourra finalement être monté au Théâtre-Italien de Paris. Les amis d'Hugo réussiront même à le convaincre de venir écouter l'opéra.
Par la suite, convaincu de l'importance du compositeur et de la beauté de l'œuvre, le poète s'écrira à l'issue du quatuor du dernier acte : «Si je pouvais, moi aussi, dans mes drames, faire parler en même temps quatre personnages et que le public perçoive leurs paroles et leurs sentiments, j'obtiendrais le même effet.»

fonction des nécessités de l'expression dramatique, et, par ailleurs, la partie instrumentale prend une importance de plus en plus grande, venant non seulement soutenir mais colorer et dialoguer avec la partie vocale. Malgré l'énorme succès public (vingt et une représentations consécutives à la Fenice de Venise et un triomphe constant dans toutes les villes d'Italie puis en Allemagne, en Autriche, en Hongrie, en Bohême, en Angleterre...), il se trouve des grincheux pour accuser Verdi de démolir l'ordonnancement de l'opéra italien et de corrompre le bel canto : la *Gazette musicale de Paris* écrit par exemple que Verdi «ne ferait pas mal de retremper ses idées mélodiques à la source de Rossini et de Bellini». On l'accuse même de se laisser «asservir par la musique allemande» ! Mais c'est le lot de tout artiste qui innove de voir accrochés à ses basques les chiens de garde du conservatisme.

Où le maestro prend son temps pour enfanter un triomphe et un échec

Après avoir dirigé les trois premières représentations de *Rigoletto* à Venise, Verdi retourne à Busseto et, pour changer... s'attelle à un nouvel opéra ! Ce sera *il Trovatore (le Trouvère).* Verdi trouve à y exprimer les qualités propres de sa musique : force, véhémence, concision dramatique et, ce qui est sa signature, ce coloris particulier qui fait reconnaître en quelques mesures un opéra de Verdi pour peu qu'on ait déjà entendu l'une des œuvres du maestro.

Les années de galère sont terminées, Verdi n'a plus besoin de travailler dans l'urgence : il peut peaufiner sa partition... et travailler conjointement à une autre, à partir de *la Dame aux camélias* : ce sera *la Traviata.* C'est que, si Verdi n'a plus à prouver, il doit néanmoins honorer les divers théâtres qui le réclament et auprès desquels il s'est engagé – engrenage irrépressible. Encore que, pour la première fois depuis ses débuts, *le Trouvère* n'a pas été

Construit par G. Selva, la Fenice, le plus célèbre théâtre de Venise, fut inauguré le 16 mai 1792 avec *I Ginochi d'Agrigento* de Paisiello. C'est là que furent créés *Tancrède, l'Italienne à Alger, Sigismond, Semiramis* de Rossini, *Les Capulets et les Montaigus, Béatrice de Tende* de Bellini, *Belisario* de Donizetti. Mais le théâtre devait être détruit par un incendie en décembre 1836.

motivé par une commande d'un théâtre – mais tous les théâtres sont heureux désormais d'assurer une création de lui. C'est finalement à Rome que Verdi donne son opéra : il y est créé le 19 janvier 1853 avec un triomphe considérable. Et il est repris aussitôt dans tous les théâtres d'Italie puis d'Europe ; il triomphe à Vienne, il triomphe à Paris, il triomphe à Londres, il triomphe à Saint-Pétersbourg...

Mais le chœur des critiques cramponnés à leurs conceptions académiques recommence à s'émouvoir : décidément, Verdi «maltraite le bel canto», «casse les voix des chanteurs», «est vulgaire»... Bizet, l'auteur de *Carmen,* quelques années plus tard, répliquera à ce dernier trait :

Sur le même site et d'après les plans originaux, un nouveau théâtre (ci-dessus) et inauguré le 26 décembre 1837. C'est là que furent créés *Ernani, Attila, Rigoletto, la Traviata* et *Simon Boccanegra* de Verdi. La salle contient 1500 places. Son magnifique lustre, ses 96 loges et sa décoration blanc, bleu et or, le font considérer par beaucoup comme le plus beau théâtre lyrique d'Italie.

«Quand un tempérament passionné, violent, brutal même, quand un Verdi dote l'art d'une œuvre vivante et forte, pétrie d'or, de boue, de fiel et de sang, n'allons pas lui dire froidement : "Mais, cher monsieur, cela manque de goût, cela n'est pas distingué !" Est-ce que Michel-Ange, Homère, Dante, Shakespeare, Beethoven, Cervantès et Rabelais sont distingués ?»

Il est vrai que Verdi est en train de mettre en œuvre une transformation profonde du style de chant. Sanglots de douleur, cris de rage, délire de joie s'inscrivent dans le tissu musical ; il est demandé au ténor une vaillance particulière dans l'aigu : le rôle de Manrico, le trouvère, est particulièrement significatif à cet égard ; avec le rôle de la sorcière Azucena, la voix grave de femme trouve pour la première fois son véritable emploi dramatique ; et le «baryton-Verdi», qui est en germination dès les premiers

Avec *le Trouvère,* on est en présence de l'un des livrets les plus compliqués de Verdi, mais il possède une succession de situations dramatiques que le compositeur a su admirablement utiliser comme une suite de coups d'accélérateur dans le grand mouvement emballé qu'est cet opéra. Secoué de violence et marqué par une couleur «nocturne», il pousse les chanteurs dans leurs extrêmes, jusqu'à déborder leurs registres traditionnels. Dans cette impétuosité, cet éclat et ces fureurs sombres, c'est peut-être l'œuvre la plus romantique de Verdi.

opéras, trouve son achèvement avec Rigoletto. C'est toute une génération nouvelle de chanteurs qui va se former aux exigences de cette nouvelle musique (de la même manière que, à la même époque en Allemagne, il faut «inventer» des chanteurs pour Wagner), exigences qui conjuguent une technique vocale affirmée à un tempérament dramatique puissant pour incarner des personnages tels que, selon l'expression du critique allemand Hanslick, «ils paraissent en scène comme tirés par un pistolet».

A peine *le Trouvère* créé, Verdi doit repartir pour Venise. Pour *la Traviata,* il a demandé à Marzari, directeur de la Fenice, une «donna di prima forza». Il arrive le 21 février, s'installe à l'albergo Europa, et commence les répétitions. Hélas! la Salvini est loin d'être une *donna di prima forza,* le ténor Graziani n'est pas en voix et le baryton Varesi fait le dégoûté! C'est que les chanteurs se sentent dépaysés dans un genre d'opéra qu'ils n'ont jamais pratiqué. *La Traviata* est en effet le premier exemple de drame lyrique en costumes modernes. Verdi le dit lui-même: «C'est un sujet de notre temps. Peut-être un autre ne l'aurait-il pas écrit à cause des costumes, à cause de l'époque, à cause de mille autres scrupules ridicules.» Car il faut songer que ces personnages que Verdi met en scène, ceux de *la Dame aux camélias,* sont encore, pour certains, vivants au moment où il écrit son opéra. Et les costumes vont donc être sur scène les mêmes que ceux que porteront les spectateurs... C'est compter sans la direction de la Fenice qui ne veut pas courir ce risque et décide de transporter l'action... à l'époque de Louis XV. On imagine la mauvaise humeur de Verdi. Mais le plus grave a lieu sur le plateau: les chanteurs ne croient pas à cette œuvre d'avant-garde, sans violence, sans trahison, sans combat; chacun est persuadé qu'elle va échouer. Ce qui arrive: la première de *la Traviata,* le 6 mars 1853, est un des plus grands échecs de l'histoire de l'opéra.

«*La Traviata* hier: fiasco. Est-ce ma faute ou celle des chanteurs? Le temps jugera»

C'est ce que Verdi écrit, le lendemain, à son fidèle Ruzio. Il faut dire qu'avec un ténor à peu près sans voix, un baryton plein de mauvaise volonté et une prima donna éclatante de santé à laquelle le médecin

Violetta est une des héroïnes les plus populaires de tout le théâtre lyrique: c'est que la partition est du meilleur Verdi, où l'efficacité dramatique s'accompagne d'audaces harmoniques ou mélodiques qui semblent faire pénétrer jusque dans l'intimité de la Dame aux camélias. Et l'écriture vocale au lyrisme à la fois virtuose (particulièrement au premier acte) et expressif, passant par toutes les couleurs de la passion, est d'une beauté qui a attiré toutes les plus grandes divas.

vient dire que la phtisie ne lui accordera que quelques heures à vivre, tous les atouts n'étaient pas réunis pour faire un succès ! Mais Verdi écrit, confiant, au chef d'orchestre Angelo Mariani : «*La Traviata* a fait hier un grand fiasco. Pis que cela, les gens ont ri ! Je n'en suis pas troublé. Ont-ils tort ou bien est-ce moi ? Je pense toutefois que *la Traviata* n'a pas dit son dernier mot. On l'entendra à nouveau et nous verrons bien.»

En effet, quatorze mois après sa chute, le 6 mai 1854, *la Traviata* prend une éclatante revanche, à Venise toujours, mais au théâtre San Benedetto cette fois : l'enthousiasme est immense : «Les mêmes spectateurs qui autrefois l'avaient condamné se vantent maintenant de l'avoir jugé comme un très bel opéra depuis l'année dernière», note ironiquement un chroniqueur.

Dans la foulée de ce triomphe, *la Traviata* est applaudie dans toute l'Italie, puis à Vienne, Londres, Paris, New York même. Notons que les costumes Louis XV furent maintenus dans toutes ces productions et ce n'est qu'au XXe siècle que *la Traviata* fut jouée en costumes du XIXe siècle – mais la distance historique demeurait alors la même : la «contemporanéité» voulue par Verdi ne fut jamais respectée !

Toutes les plus grandes chanteuses ont voulu interpréter Violetta depuis Fanny Salvini-Donatelli, la créatrice du rôle : Marietta Piccolomini, qui le créa à Paris, Angiolina Bosio, qui le créa en Russie, Christine Nilsson, qui en créa la version française à Paris. Maria Callas fut sans doute la plus grande de notre époque. Les représentations qu'elle en assura en 1955 à la Scala de Milan, dans une mise en scène de Luchino Visconti et sous la direction de Carlo-Maria Giulini, furent considérées comme «*la Traviata* du siècle».

La Traviata du siècle : le premier acte

C'est le 28 mai 1955 que le rideau de la Scala de Milan se leva sur la première représentation de *la Traviata,* dirigée par Carlo Maria Giulini, dans une mise en scène de Luchino Visconti, des décors et des costumes de Lila de Nobili, avec Maria Callas dans le rôle-titre, Gianni Raimondi (Alfredo) et Ettore Bastianini (Germont). Jacques Bourgeois, le critique musical, assistait à cette première.

“Chaque détail du cadre imaginé par Lila de Nobili semblait extrêmement réaliste parce que participant d'un univers qui était, avant tout, la cristallisation d'un climat. En fait, rien n'était réaliste. Le grand lustre était peint, orné de gazes de tulle, mais la lumière en faisait une image vivante. Des potiches chinoises ne comportaient aucune décoration rattachée à l'art oriental, pourtant on y croyait en tant que chinoiseries véritables. Callas en robe de taffetas noir évoluait non pas comme sur une scène d'opéra, mais comme elle aurait évolué chez elle, se distinguant des autres femmes par cette sorte d'*aura* qui faisait de Violetta quelqu'un d'autre.”

La Traviata du siècle : le second acte

« Le jardin de la maison de campagne faisait un contraste d'atmosphère, tout en verts et en bleus doux. Violetta portait une robe blanche ornée de rubans vert pâle que Lila de Nobili avait copiée d'après une photo de Sarah Bernhardt. La transformation de la courtisane s'étourdissant de plaisirs en femme que l'amour a rachetée était exprimée de façon bouleversante. Mais c'est la longue scène avec Germont père qui faisait culminer l'acte. Le moment où elle se rend à ses arguments : «Dite alla giovine», le visage incliné vers le sol en un murmure où le chant atteignait une apogée de beauté, m'a laissé un souvenir inoubliable. Et il y avait encore sa pantomime que l'orchestre seul accompagne lorsqu'elle écrit la lettre de rupture, puis sa fuite en larmes, quand elle s'arrache des bras de son amant : «Amami, Alfredo...». Indescriptible ! »

Jacques Bourgeois

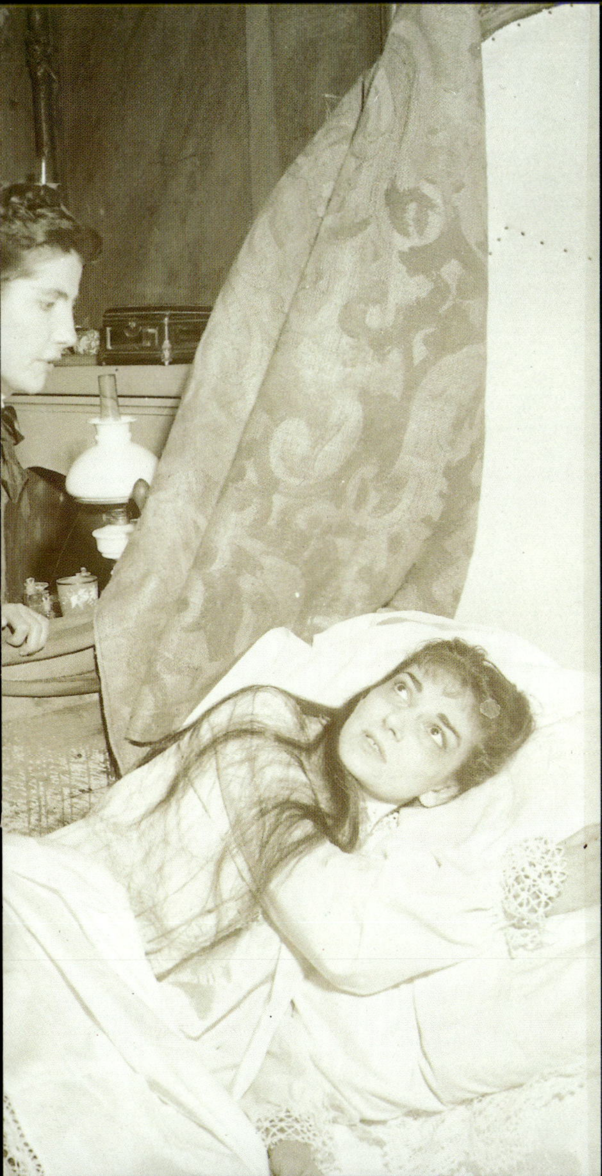

La Traviata du siècle : le troisième acte

« Au dernier acte, c'est la ruine et la mort dès le lever du rideau dans une demeure déjà dévastée par les créanciers. Lorsque Callas se levait du lit, son aspect était effrayant. Par l'expression encore davantage que par le maquillage, elle ressemblait à un cadavre vivant.
«Addio del passato» était sublime et, en même temps, faisait peur. Un instant, les lumières du carnaval venaient éclairer la chambre et les silhouettes d'une foule en liesse se projetant sur le mur...
Mais Violetta agonise. Le retour d'Alfredo déchaîne une lutte terrible : la jeune femme veut vivre. Callas essayait maladroitement de s'habiller et ses vêtements ajustés de travers la transformaient en silhouette grotesque et pathétique. Et il y avait le moment extraordinaire où elle croit que ses forces reviennent : un passage *parlando* pour lequel elle se dressait, puis tombait soudain comme une masse, morte d'un coup, les yeux grands ouverts qui fixaient le public. »

Jacques Bourgeois

VIVA
VERDI
VIVA
VERDI
VIVA VERDI
Viva
Verd

En 1853 Verdi a quarante ans, il est fêté partout mais Paris ne lui a pas encore donné l'occasion d'une création. Bien sûr le Théâtre Italien joue ses opéras, bien sûr l'Opéra a tenté des manœuvres d'approche, mais rien n'a abouti. Il accepte enfin le troisième scénario que lui propose Scribe, le librettiste attitré de l'Opéra de Paris. Curieuse idée que de choisir un sujet aussi évidemment antifrançais pour son premier opéra parisien ! Car *les Vêpres siciliennes* racontent rien moins que le massacre des Français par les Siciliens à Palerme en 1822 !

CHAPITRE IV

VIVA VERDI

S'appeler Scribe et n'être de fait qu'un écrivain moyen, c'est le destin de cet auteur dramatique et librettiste qui aura pourtant la chance de laisser son nom, en dessous de celui de Verdi, dans *les Vêpres siciliennes.*

Mais Verdi ne sait pas encore dans quelle aventure il s'est lancé en acceptant le scénario de Scribe. Il ne sait surtout pas que le librettiste, peu scrupuleux, lui a resservi tout simplement le livret du *Duc d'Albe,* écrit quelques années avant pour Donizetti et que celui-ci avait laissé inachevé ! Au lieu des Flandres occupées par les Espagnols, c'est la Sicile occupée par les Français, mais le canevas et même une partie des dialogues restent les mêmes ! Et malgré cela, ledit Scribe ne trouve pas même le temps d'opérer les modifications que Verdi lui demande pour le cinquième acte.

Finalement l'œuvre est créée le 13 juin 1855, devant un public enthousiaste. La critique est tout aussi favorable, soulignant que «la musique de Verdi a su se conformer à la nature du génie français sans rien perdre de son ardeur italienne».

C'est en effet une des gageures que s'est imposées Verdi : rivaliser avec le «grand opéra» français qui triomphe à Paris et dont le héros est Meyerbeer, pourvoyeur de grandes machines propices à des mises en scène fastueuses, à des déploiements de figurants, à tout un décorum à grand spectacle qui fait la joie du public.

Verdi, en tenant compte de cet aspect spécifique de l'opéra à la française, a su insuffler la passion et donner aux grandes scènes ce nerf indispensable qui tend la musique et le drame, qui est sa griffe. C'est une réussite incontestable, même si l'œuvre, curieusement, n'atteindra jamais à la même popularité que d'autres, pourtant de facture moins réussie.

Le séjour de Verdi à Paris se prolonge encore, le temps de régler quelques affaires de droits d'auteur, de superviser l'adaptation française du *Trouvère* que souhaite monter l'Opéra. Il reçoit de nombreuses visites d'amis ou de journalistes, et travaille en même temps à un nouvel opéra qu'il va donner à la Fenice de Venise, *Simon Boccanegra.* C'est une intrigue passablement compliquée dont il a élaboré lui-même le livret à partir d'une pièce espagnole de Gutiérrez. Ce qui l'attire dans cette œuvre au récit embrouillé (le directeur de la Fenice déclare avoir dû relire six ou sept fois le livret pour comprendre ou essayer de comprendre «ce monstrueux fatras mélodramatique»), c'est le choc des situations, l'opposition des factions rivales, la représentation des luttes fratricides qu'il entend ainsi fustiger.

“Quand j'allai lui rendre hommage, après *Les Vêpres,* je le trouvai dans une simple chambre d'auberge, à l'hôtel Violet, bien connu des commis voyageurs. Je vis un homme au visage creusé et comme pressé par la souffrance et le travail, brun ou châtain avec des yeux bleus, clairs et flâneurs, une bouche sans sourire, un air à la fois d'insouciance et de résolution. Il me parla, dans un italien du nord, de drame et de prosodie pendant plus d'une heure dans sa chambre, et une demi-heure encore à sa porte, comme si j'étais quelque chose et qu'il ne fût rien.”

Marc Monnier

Malheureusement, quel que soit le génie de Verdi – et plus encore chez lui, pour qui la musique est fonction de l'action, en sort comme induite par le drame –, un livret aussi tarabiscoté que celui de *Simon Boccanegra* ne peut que peser sur le résultat final.

L'opéra est créé le 12 mars 1857. Verdi

« L'Opéra est un théâtre entre tous heureux depuis quelque temps ; il ne désemplit pas. L'énorme succès des *Vêpres siciliennes* se soutient faute de pouvoir s'accroître. Les recettes que cet ouvrage produit sept ou huit fois par mois dépassent en densité et en durée toutes les averses d'or qu'on recueillit jadis dans ce tonneau des Danaïdes qu'on nomme la caisse de l'Opéra, tonneau qui pourtant commence, dit-on, à avoir un fond solide. Et cela se conçoit : Verdi s'est élevé très haut dans cette nouvelle œuvre. Sans vouloir rabaisser le mérite de son *Trovatore* et de tant d'autres émouvantes partitions, il faut convenir que dans *les Vêpres siciliennes,* l'intensité pénétrante de l'expression mélodique, la variété somptueuse, la sobriété savante de l'instrumentation, l'ampleur, la poétique sonorité des morceaux d'ensemble, le chaud coloris qu'on voit partout briller, et cette force passionnée mais lente à se déployer qui forme l'un des traits caractéristiques du génie de Verdi, donnent à l'œuvre entière une empreinte de grandeur, une sorte de majesté souveraine plus marquée que dans les productions précédentes de l'auteur. »

Hector Berlioz

❝L'histoire de la première représentation de Boccanegra compte parmi les plus étonnantes qui aient marqué les tristes annales du «four».
La plus mauvaise, la plus incongrue composition musicale représentée sur la scène d'un grand théâtre, face à un public qui jouit d'une réputation méritée d'intelligence et d'impartialité, n'aurait pas reçu l'accueil qui lui a été fait : sifflets, rires, apostrophes si nombreux qu'ils n'ont pas permis d'entendre matériellement une bonne partie de l'opéra. (...)
Le public italien, qui a un tempérament passionné, a l'enthousiasme ardent et le blâme terrible, si bien que parfois on a l'impression, dans l'enceinte paisible de nos modernes théâtres, que se renouvellent les férocités du cirque ; or celles-ci étaient, elles, excitées par le sang. Ici nous n'avions que des larmes ! Nous aurions voulu un public un peu plus charitable avec les artistes et, pour le maître et pour l'œuvre, les égards qui sont dus à un nom qui, qu'on le veuille ou non, est une de nos plus chères et grandes gloires nationales.❞

Gazetta musicale

écrit aussitôt à son amie la comtesse Maffei : «C'est un fiasco, pire que *la Traviata.* J'avais cru bien faire cependant. Mais il semble que je me sois trompé.» Un critique accuse même Verdi de «suivre les traces du célèbre Wagner, le destructeur actuel de la musique». En fait Verdi ne se souciait guère des recherches wagnériennes, mais il est vrai que sa tentative de plier la mélodie à la flexion de la phrase, à l'expression du texte dans son mouvement interne est en avance sur son temps. Ce modernisme n'est pas ce que les spectateurs de 1857 attendent de Verdi.

Près de vingt-cinq ans plus tard, en 1881, Verdi reprendra son opéra, avec un nouveau librettiste, Arrigo Boïto, qui collaborera aussi avec lui pour *Otello* et *Falstaff.* Ça n'est pas facile car, aux dires de Boïto, le livret initial de ce *Simon Boccanegra* est «une table boiteuse qu'il s'agit de faire tenir debout». Pourtant le poète parvient à remettre d'aplomb un livret, à partir duquel Verdi modifie largement sa musique. Et le nouveau *Simon Boccanegra,* créé à la Scala le 24 mars 1881, remporte un grand succès : c'est dorénavant dans cette seconde version que l'œuvre sera toujours jouée – sans pour autant atteindre jamais une très grande popularité.

Où le maestro danse d'une censure à l'autre

Au mois de septembre 1857, Verdi a réintégré sa maison de Busseto. Il travaille au nouvel opéra que lui a commandé le théâtre San Carlo de Naples. Il songe encore une fois au

Le 25 mars 1881, Verdi écrit de Milan à son ami Arrivabene : «Déjà hier soir avant l'exécution, j'aurais pu te dire que les jambes cassées de ce vieux Boccanegra me paraissaient bien remises en place. Le succès d'hier soir me confirme dans mon opinion. Donc : exécution très bonne de la part de tous, étonnante de la part du protagoniste, excellent succès.»
C'est que l'œuvre a été entièrement remaniée, avec l'aide de Boïto, et qu'elle trouve enfin le succès à la Scala, tout comme au théâtre Italien de Paris, où elle est montée en 1883 dans le décor que l'on voit ci-dessus.
Dans les années 1970, le public de la Scala devait redécouvrir *Simon Boccanegra,* dans une mise en scène époustouflante de Giorgio Strehler (à gauche) et une direction d'orchestre de Claudio Abbado, et lui faire un triomphe.

Roi Lear, à *Ruy Blas* de Victor Hugo aussi, et encore à un drame espagnol, *le Trésorier du roi don Pedro*. Finalement c'est *Gustave III roi de Suède*, livret qui deviendra *Un bal masqué*, qui l'emporte.

Mais le directeur du San Carlo l'avertit très vite que la censure n'acceptera certainement pas qu'on représente sur scène l'assassinat d'un monarque régnant. Verdi en convient mais, dit-il, «il vaut mieux finir le drame, quitte à changer plus tard le sujet. Comme pour *Rigoletto* on changera s'il le faut l'époque et le lieu de l'action. Dommage pourtant de renoncer au faste d'une cour comme celle de Gustave . Et puis il sera bien difficile de trouver un duc à la mesure de ce Gustave ! Pauvres poètes, pauvres compositeurs ! » Et Verdi presse son librettiste, Somma, insistant ici pour qu'il resserre la situation, là pour qu'il accentue la dramatisation.

Finalement, à la fin de décembre, *la Vendetta in domino (la Vengeance en domino)* est terminé et Verdi s'embarque pour Naples. Hélas ! les appréhensions du directeur du San Carlo étaient fondées : la censure se dresse encore une fois devant Verdi. Il faut dire qu'un événement inattendu s'est produit entre-temps, c'est l'attentat à la bombe commis par Orsini contre Napoléon. L'empereur des Français en est sorti indemne mais la nouvelle est peu faite pour calmer la nervosité du roi de Naples, qui a lui-même été attaqué à la baïonnette l'année précédente... l'auteur de l'attentat étant un de ses propres gardes !

Verdi écrit aussitôt à Somma pour l'informer de toutes les modifications que veut lui imposer la censure : il faut changer le souverain en un seigneur ordinaire ; il faut que le héros soit épris de la sœur au lieu de la femme de son meilleur ami ; il faut modifier

« Armez-vous de courage et de patience, surtout de patience. La censure a envoyé une liste de toutes les expressions et de tous les vers qui ne lui conviennent pas. Pensez au fait que, dans les circonstances actuelles, le mieux est de donner cet opéra à Rome. Les vers et les expressions frappés par cette censure sont nombreux, mais ils pouvaient l'être encore plus. D'autre part, avec cette méthode, nous savons à quoi nous en tenir et nous savons quels sont les vers à laisser ou à ôter. Ajoutez à cela qu'il fallait de toute façon changer beaucoup de vers dès l'instant où le roi n'était plus qu'un gouverneur. Quant au gibet du second acte, n'y pensez plus, je m'arrangerai pour en obtenir l'autorisation. Mettez-vous donc dans une disposition favorable, arrangez les vers indiqués, arrangez vos affaires pour avoir quinze ou vingt jours de liberté en Carnaval et venir à Rome où, je l'espère, nous aurons du bon temps. »

Lettre à Antonio Somma

la scène de la sorcière et la transporter à une époque où l'on croyait encore aux sorcières ; il faut que le meurtre ait lieu en coulisse, entre deux scènes ; il faut éliminer la scène où l'on tire au sort le nom du meurtrier... «Comme vous l'imaginez, ajoute Verdi, nous ne pouvons accepter ces changements. Donc plus d'opéra ; d'où non-paiement de deux échéances par défaut d'abonnements ; d'où non-versement de la subvention gouvernementale ; d'où procès et menace envers ma personne d'une demande de 50000 ducats de dommages et intérêts ! Quel enfer !»

Pendant ce temps, sans que Verdi en ait été averti, un employé du gouvernement a été chargé de tripatouiller le livret. Lorsque Verdi l'apprend, il pique une colère retentissante. Les Napolitains, avertis, prennent parti pour le compositeur et manifestent en sa faveur contre le gouvernement. Le roi intervient alors et, sans céder sur le fond, se débarrasse de l'affaire en libérant Verdi de ses obligations envers l'opéra de Naples, auquel l'assujettissait le contrat signé.

Le compositeur apprend alors qu'à Rome la censure pontificale a autorisé la représentation théâtrale du drame de Scribe, *Gustave*, dont est issu son livret. Il fait aussitôt entamer des pourparlers avec le théâtre Apollo de Rome pour y faire alors représenter son opéra. Mais la censure romaine qui a autorisé *Gustave* en tant que drame s'oppose à ce qu'il devienne un opéra. «Voilà qui est bien étrange !» commente simplement Verdi.

Il rentre donc à Busseto, passablement écœuré par ces palinodies. L'imprésario qui s'est entremis pour lui à Rome, Jacovacci, ne laisse pas mourir l'affaire et, en juillet, il obtient des concessions importantes de la censure romaine. Celle-ci autoriserait le sujet et les situations à condition que le lieu de l'action soit transféré hors d'Europe. C'est ainsi que Gustave, roi de Suède, devient Riccardo, comte de Warwick, gouverneur de Boston, et que l'œuvre devient *Un ballo in maschera* (Un bal masqué). Le travail de révision est courageusement entrepris par Somma.

Dès les premiers jours de 1859, Verdi arrive à Rome et se préoccupe d'abord de

Verdi a 46 ans. Voici vingt ans que son premier opéra, *Oberto, conte di San Bonifacio,* a été joué. Après les opéras patriotiques, après les «années de galère», Verdi, dont le langage est en perpétuelle évolution, fait faire à l'opéra romantique italien un nouveau pas hors de ses cadres et de ses conventions avec ce *Bal masqué.* Ne reculant pas devant le mélange des genres, confrontant le tragique au léger ou encore au fantastique, il atteint à une vérité dramatique nouvelle à travers une variété du discours musical passant de l'ampleur mélodique, avec sa grande respiration pour exprimer les sentiments les plus forts (dont l'amitié, une des trois passions dominantes de Verdi avec l'art et la patrie), à la légèreté de touche, la vivacité des interventions du page Oscar.

la distribution : si les hommes le satisfont – c'est Fraschini, sans doute le meilleur ténor verdien de l'époque, qui crée le rôle principal de Riccardo, et l'excellent baryton Giraldoni qui interprète le rôle de Renato –, les femmes ne font pas son bonheur et Verdi n'hésite pas à en rendre responsable l'impresario Jacovacci : «Convenez, lui écrit-il, que j'ai été un rare modèle d'abnégation de n'avoir pas repris ma partition pour partir à la recherche de chiennes moins aboyeuses que celles que vous m'avez offertes !»

Les répétitions avancent et le 17 février a lieu la première. C'est une soirée d'enthousiasme délirant.

Rôle travesti chanté par une voix de soprano lyrique ou lyrique léger, Oscar est une création originale unique dans toute l'œuvre de Verdi. Danielle Borst (photo ci-dessus) en est aujourd'hui l'interprète la plus convaincante, sachant allier le charme à la virtuosité comme à l'expressivité vocale, ainsi que le souhaitait Verdi.

Du parterre, des balcons, des loges, on crie *«Viva Verdi !»*

Et ce cri est à la fois un salut au compositeur et un slogan politique qui résume les aspirations du peuple italien – car ce *Viva Verdi* s'entend aussi comme il se lira sur les murs de la ville : *Viva V.E.R.D.I.,* c'est-à-dire *Viva Vittorio Emanuele Re D'Italia.*

C'est que, le 9 janvier, Victor-Emmanuel II avait lancé devant le parlement du Piémont cette phrase qu'on s'était répétée partout : «Respectueux des traités, nous ne pouvons cependant pas ne pas entendre le cri de douleur qui monte vers nous de toute l'Italie.» Pour tous les patriotes, c'était le signal d'une imminente déclaration de guerre à l'Autriche. Et d'ailleurs, dès le lendemain à la Scala, alors qu'on donnait *Norma,* le public s'était levé dès les premières notes du chœur, «*Guerra ! Guerra !*», et s'était retourné, menaçant, vers les officiers autrichiens qui se trouvaient dans la salle. «Vous l'aurez, chiens !», avaient hurlé ceux-ci. La guerre éclatera en effet, le 23 avril, et ce slogan «Viva Verdi» sera repris à travers l'Italie tout entière et flottera même sur les bannières des troupes de libération.

Où le maestro abandonne la musique pour la politique

Verdi a regagné Busseto et suit attentivement le déroulement des événements politiques. Cavour, le Premier ministre de Victor-Emmanuel, a rappelé Garibaldi qui, à la tête de ses 3000 partisans, contribue à mettre en fuite les Autrichiens. Verdi enrage de ne pouvoir s'engager lui-même dans les armées de libération : «Hélas, je ne suis

❝En répétition, Verdi expliquait rarement ce sacré ''comment''. Il s'aidait de gestes, avec de grands coups sur le volume, ralentissant de la main ou renforçant les mouvements (...). Implacable, il ne se souciait guère de fatiguer les artistes, de les tourmenter durant des heures et des heures avec le même morceau : et tant que n'était pas atteinte cette interprétation qui lui paraissait la moins éloignée de son idéal, on ne passait pas à une autre scène.❞

Eugenio Checchi

même pas capable de faire une marche de trois milles, ma tête ne résiste pas à cinq minutes de soleil et il suffit d'un peu de vent ou d'humidité pour me causer des maux de gorge qui me mettent au lit pendant des semaines !» Faute de ne pouvoir payer de sa personne, Verdi organise alors à Busseto une souscription afin de venir en aide aux blessés et aux familles de ceux qui ont péri. La musique, on le voit, est bien loin de son esprit.

Mais la désillusion qui va suivre porte un coup terrible a son excitation : un armistice est signé entre l'empereur d'Autriche et Napoléon III qui, allié à Victor-Emmanuel, l'a aidé à chasser les Autrichiens. Et cette paix signée à Villafranca, à laquelle Victor-Emmanuel est forcé de souscrire, conserve la Vénétie à l'Autriche. Verdi s'insurge : «Où est-elle donc cette indépendance de l'Italie qu'on nous avait promise ? Que signifiait la proclamation de Milan ? Que la Vénétie n'est pas l'Italie ? Un tel résultat, après tant de victoires ! Tant de sang pour rien !... C'est à devenir fou !»

Le bilan n'était pourtant pas entièrement négatif : le duc de Modène avait été chassé, de même que Marie-Louise, la duchesse de Parme et le cardinal-légat de Bologne. En août, dans les provinces d'Italie où des gouvernements provisoires ont remplacé les princes inféodés à l'Autriche, on organise des plébiscites pour décider ou refuser le rattachement au Piémont de Victor-Emmanuel.

Quelques jours avant le plébiscite, le 19 août 1859 exactement, Verdi, comme pour sanctifier dans sa vie privée l'union qu'il veut par ailleurs marquer avec la nation italienne, se rend dans la petite église Saint-Martin à Collonges-sous-Salève, en Haute-Savoie, pour s'y marier avec celle dont il partage la vie depuis déjà douze ans, Giuseppina Strepponi.

Il est de retour à Busseto pour le fameux plébiscite. Les urnes ont été placées dans l'église Sainte-Marie-des-Anges. «Le moment le plus solennel, raconte un habitant de la ville, ce fut lorsque Verdi, qu'une foule immense attendait, arriva, précédé par l'orphéon qui était allé à sa rencontre. Depuis quelques heures on l'attendait. Lorsqu'il apparut pour entrer dans l'église et déposer son bulletin de vote, les bravos éclatèrent, devinrent un hurlement, un délire. Il me semble être encore là, au milieu de cette foule battant des mains et criant ''Viva

Pendant toute cette période de lutte pour l'unité italienne, Verdi met la musique délibérément au second plan. Il ne se passionne que pour la politique, payant de sa personne autant qu'il le peut, et s'inquiétant des risques de conflits idéologiques qui peuvent mettre en péril cette force et cette volonté d'unité symbolisées par le roi de Sardaigne, Victor-Emmanuel (Vittorio Emanuele Re d'Italia - d'où le fameux slogan «Viva Verdi», à entendre dans ses deux significations).

Verdi !'' Mes yeux s'emplissent de larmes à ce souvenir. Le génie, la gloire, la patrie, Dieu, l'Italie libre, notre Italie, dont le seul fait de prononcer le nom était encore un délit quelques jours auparavant !... Toutes ces passions s'unissaient en nous et nous enivraient, s'agitaient dans notre cœur et finissaient par se résoudre en un cri que l'on n'entendra plus jamais. » Les habitants de Busseto désignent bien sûr Verdi pour les représenter à l'assemblée des provinces de l'État de Parme et, le 14 septembre, il fait partie de la délégation envoyée à Turin pour présenter au roi Victor-Emmanuel les résultats du plébiscite en Émilie : 426 000 voix, une écrasante majorité, pour le ralliement au Piémont.

Mais les modalités du rattachement, qui constitueront un pas décisif vers l'unité nationale, traînent en longueur. Les hésitations ressemblent parfois à des compromissions et ce ralentissement, laissant la voie ouverte à des désordres multiples, peut rendre l'avenir incertain.

Les gouvernements provisoires, désireux de s'appuyer sur le peuple, décident alors de constituer des milices locales qui seront dans chaque ville une partie de la Garde nationale. Pour armer chaque localité il faut de l'argent, beaucoup d'argent, et Busseto n'en a pas. Verdi décide alors d'en faire l'avance et, par l'intermédiaire de son ami le chef d'orchestre Mariani, fait acheter chez un grand armurier de Genève 172 fusils qui sont bientôt livrés à Busseto.

Verdi est tout entier préoccupé par la situation politique de son pays et semble ne plus s'intéresser à la musique. Il signe ainsi une lettre, en mars : « Un député de l'Italie centrale qui pendant de nombreuses années a fait le couillon en écrivant des notes de musique... » Mais les événements se précipitent dans la jeune Italie de Victor-Emmanuel, les dissensions se font jour. Le pape s'allie au roi de Naples pour tenter de contrecarrer le mouvement de l'unité nationale. Garibaldi, lui, s'en va libérer la Sicile puis, remontant la botte, investit la Calabre et entre dans Naples le 7 septembre. Verdi bout d'être isolé à Busseto ; il bombarde ses amis de lettres haletantes, écartant toute préoccupation musicale pour ne s'intéresser qu'aux développement de la lutte de libération. A son ami Mariani qui lui parle des représentations de son *Bal masqué,* il répond : « Parle-moi d'une autre musique, celle qui, j'en

Désigné par la population comme délégué de Busseto à l'Assemblée des provinces de Parme, Verdi présentera lui-même au roi Victor-Emmanuel le résultats du plébiscite pour le ralliement au Piémont. C'est le premier degré du processus qui, de province en province, aboutira à la constitution d'une nation italienne unitaire.

❝Monsieur le Maire,
L'honneur que mes concitoyens ont bien voulu me conférer en me nommant leur représentant à l'Assemblée des provinces de Parme me flatte et m'inspire la plus profonde reconnaissance.
Si mes faibles talents, mes études, l'art que je professe me rendent peu apte à une charge de cette nature, on peut compter sur le grand amour que j'ai toujours porté à notre noble et malheureuse Italie.
Il va sans dire que je proclamerai au nom de mes concitoyens et de moi-même :
la chute des Bourbons,
l'annexion au Piémont,
la dictature de Luigi-Carlo Farini, cet illustre Italien.
C'est dans l'annexion au Piémont que se trouve la future grandeur et régénération de notre commune patrie.
Ceux qui sentent couler dans leurs veines du sang italien doivent le vouloir avec force et constance.
Ainsi viendra pour nous le jour où nous pourrons dire que nous appartenons à une grande et noble nation.❞

Sant'Agata,
le 5 septembre 1859

demande pardon à vous tous, fils d'Apollon, m'intéresse le plus. Oh ! Excusez-m'en ! Excusez-m'en ! Comment vont les croches et les doubles croches de Cialdini, de Garibaldi, etc ? Tu avais promis de m'en parler et tu l'as oublié, tête de mule. Quels compositeurs ! Quels opéras ! Quels finales ! A coups de canon ! »

L'unité italienne se réalise finalement avec l'année 1860 (seuls la Vénétie et les États pontificaux en demeurent encore exclus) et, au début de 1861, Cavour, Premier ministre de Victor-Emmanuel, organise l'élection des députés au premier parlement national. Les électeurs de Busseto souhaitent élire Verdi et proposent sa candidature, mais le compositeur refuse résolument, ne se sentant en rien fait pour la vie parlementaire. Pourtant Cavour lui-même intervient afin de convaincre Verdi d'être candidat : la présence du plus grand compositeur italien au nouveau parlement sera un symbole dont le retentissement est important pour sa fondation. Verdi, non sans réticence, se laisse fléchir... et élire, le 30 janvier 1861. Le 19 février, il est présent à Turin pour l'ouverture du premier parlement qui, le 15 mars, déclare constitué le royaume d'Italie et proclame Victor-Emmanuel II roi des Italiens. Verdi suit d'ailleurs assidûment les séances du Parlement, approfondit aussi ses relations avec Cavour, participe avec grande application à cette activité politique qu'il découvre et dont il s'acquitte par conscience patriotique plus que par goût. D'autant que, dans le même temps, il a reçu la proposition de Saint-Pétersbourg de composer un nouvel opéra pour le théâtre Impérial...

Mais le coup de tonnerre qui va faire basculer les choses a lieu en juin 1862 : Verdi apprend la mort subite de Cavour

Le compositeur est accablé. Il s'effondre sur son fauteuil, enfouit sa tête dans ses larges mains : « Quelle catastrophe ! s'exclame-t-il, quel abîme de malheur ! » Il n'aura même pas le courage de se rendre à Turin pour les obsèques mais commande à ses frais un service solennel dans l'église de Busseto. Des bourgs, des propriétés voisines, les habitants

Le 5 mai 1860, Garibaldi, un des chefs du parti de l'Action, d'inspiration mazziniste, lance une expédition contre la Sicile avec ses partisans, les fameuses Chemises rouges ; il s'empare de l'île puis, regagnant le continent, prend Naples le 7 septembre. Au milieu d'une grande confusion, il agite des projets de réformes démocratiques et sociales et annonce son intention de marcher sur Rome. Finalement, il s'efface devant Victor-Emmanuel, auquel il remet son pouvoir.

Né en 1810, Camillo Benso, comte de Cavour, abandonne dès l'âge de 21 ans la carrière militaire pour se tourner vers l'agriculture et les affaires. Après avoir révolutionné le conservatisme économique de son époque, il entre en politique pour pouvoir mettre en œuvre ses idées quant au développement de l'Italie. Il est véritablement à l'origine du *Risorgimento*, cette prise de conscience politique et morale qui amènera les Italiens à vivre une nouvelle renaissance. Devenu ministre, puis président du Conseil, il s'attache à multiplier les échanges commerciaux, industriels, bancaires, inconnus jusqu'alors. Mais il doit aussi faire face à une situation difficile, tant à l'extérieur (négociations compliquées avec Napoléon III qui doit aider l'Italie à se débarrasser de l'hégémonie autrichienne), qu'à l'intérieur (surenchère de Garibaldi). Épuisé par ce travail surhumain, il meurt à 51 ans.

accourent, manifestant spontanément leur douleur. Verdi note : « J'ai assisté à la cérémonie funèbre en grand deuil, mais le deuil le plus déchirant était dans mon cœur. »

La mort de Cavour accélérera la fin de la brève carrière politique de Verdi. C'est sur l'insistance de cet homme auquel il vouait une profonde et ardente admiration qu'il avait accepté cette charge. Désormais, il ne se sent plus motivé pour continuer. Il participe encore à une session du Parlement puis ferme cette parenthèse politique. Il sera de moins en moins présent, notant : « Je n'ai aucune aptitude pour la politique et manque totalement de la patience nécessaire pour siéger à la Chambre. Aussi les 450 ne sont en réalité que 449 car mon existence comme député est nulle. »

L'unité italienne : les premières insurrections

En 1848, de Milan à Naples, le pays s'embrase ; des barricades se dressent dans les quartiers populaires. La troupe intervient, comme dans cette scène du 14 mai sur la place Saint-Ferdinand à Naples. Dans la lutte des patriotes italiens, on distingue trois grandes tendances. La première, autour de Giuseppe Mazzini, a pour objectif l'instauration d'une république unitaire, dont la mission serait d'embraser tous les peuples d'Europe par une chaîne d'insurrection des masses : tendance délibérément révolutionnaire, qu'on dirait aujourd'hui de gauche, voire d'extrême gauche. La seconde tendance, «néo-guelfe» (du nom des partisans du pouvoir papal au Moyen Âge), cherche à réconcilier religion et idée nationale dans l'ambiance du catholicisme libéral. Le Pape, autorité morale et médiateur entre les états, inspirerait et guiderait le fédéralisme italien. C'est la tendance qu'on dirait aujourd'hui de droite. La troisième tendance, doutant des possibilités d'un *risorgimento* par des papes acquis à la réaction, défend l'idée d'une fédération dirigée par le roi de Sardaigne. Tendance modérée, centriste dirait-on aujourd'hui, elle a la conviction que le Risorgimento doit aller de pair avec l'élévation du niveau civique et économique, dans un état constitutionnel.

L'unité italienne : le premier drapeau tricolore

En 1849, les soulèvements populaires sont écrasés. Le parti de Mazzini ainsi que celui du pape ont perdu toute crédibilité. C'est désormais la tendance centriste, animée par Cavour, Premier ministre du royaume de Piémont, qui s'impose. Parvenant à obtenir dans un premier temps l'aide de Napoléon III, Cavour pousse Victor-Emmanuel à déclencher la guerre aux Autrichiens. Elle éclate le 26 avril 1859 et les victoires de Montebello, Palestro, Magenta et Solférino aboutissent à la libération de toute la Lombardie.
Des mouvements révolutionnaires prennent le relais et chassent les souverains des duchés, constituant des gouvernements provisoires qui demandent l'union au Piémont. C'est ainsi qu'à Florence, le drapeau tricolore symbole de l'union nationale, est déployé pour la première fois en 1859.

L'unité italienne : l'équipée des Mille

Le 11 mai 1860, Giuseppe Garibaldi débarque à Marsala, dans l'ouest de la Sicile, avec ses partisans, les «Chemises rouges», ou les «Mille». A Calatafimi, près de Trapani, a lieu le 15 mai l'une des premières batailles contre les troupes du roi de Naples. La route de Palerme est ouverte ; la ville capitule le 6 juin. Garibaldi poursuit sa marche triomphale vers Naples, qu'il prend le 7 septembre. Le sud de l'Italie est libéré du joug des Bourbons, mais Garibaldi représente un danger pour Victor-Emmanuel. Les troupes piémontaises s'opposent à sa progression vers Rome : Garibaldi s'incline.
Le 5 novembre, par un plébiscite, le royaume de Naples est rattaché au Piémont. Le 25 avril 1861, un parlement national réuni à Turin proclame Victor-Emmanuel roi d'Italie.

L'unité italienne : la réunion des derniers États

L'unification de la péninsule est loin d'être totale. La mort de Cavour, le 6 juin 1861, désorganise le Risorgimento. La fusion des dernières provinces est longue et laborieuse. Garibaldi tente encore quelques coups de main, et ce n'est que grâce à une alliance avec la Prusse de Bismarck que Victor-Emmanuel arrive à éliminer les Autrichiens du territoire national. Le 22 octobre 1866, un plébiscite décide du rattachement de la Vénétie. Une cérémonie marque l'arrivée de la délégation vénitienne au parlement de Turin.
Rome sera le dernier état à s'intégrer au royaume d'Italie : le 20 septembre 1870, elle en devient la capitale.
L'unité est accomplie : le Risorgimento a triomphé. Mais, comme le dit alors l'un de ses dirigeants : «L'Italie est faite, il reste à faire les Italiens.»

Déçu par la politique, Verdi veut se remettre au travail. Il se souvient de la proposition de Saint-Pétersbourg. Un drame espagnol, *Don Alvaro o la Fuerza del sino*, qui deviendra *la Forza del destino*, lui plaît beaucoup : l'action passe de l'héroïsme à la mesquinerie, de la gravité au bouffon, dans un climat alternant violence et recueillement. Il y travaille fébrilement jusqu'au milieu de novembre.

CHAPITRE V

DES CRÉATIONS DANS TOUTE L'EUROPE

Verdi va se rendre à Saint-Pétersbourg, cette "capitale du froid", comme l'appelle Giuseppina.

Le 22 novembre, Verdi se met en route *via* Paris et Berlin et arrive à Saint-Pétersbourg début décembre. Les répétitions commencent bien, jusqu'à ce que la prima donna tombe malade... et mette à bas le projet : faute de remplaçante possible, il faut renvoyer la création à l'automne. Verdi doit quitter Saint-Pétersbourg, avec pour seul souvenir celui du froid : «Si j'étais condamné pour mes péchés à un enfer de glace, au lieu de l'enfer de feu traditionnel, je commencerais immédiatement à faire pénitence.»

Retour à Busseto donc. Mais Verdi n'a pas le loisir d'y goûter un peu de tranquillité : il doit repartir pour Londres afin de représenter l'Italie à l'Exposition internationale de 1862. Et il doit surtout y composer un morceau de circonstance – exercice pour lequel il éprouve une répugnance non dissimulée. Mais, pour cette fois, et pour des raisons patriotiques, il estime qu'il ne peut se dérober ; il entreprend donc la composition d'une cantate, l'*Hymne des nations,* sur les vers d'un jeune poète de vingt ans, Arrigo Boito, qui commence à faire quelque bruit dans le petit monde des lettres italiennes. L'*Hymne* s'ouvre sur un chœur du peuple en joie et se conclut par une invocation aux trois grandes nations, Angleterre, France et Italie, qui permet à Verdi de faire entendre les trois hymnes nationaux en les entrelaçant et superposant dans un bel effet d'architecture sonore.

Par suite de manœuvres mesquines menées par le chef d'orchestre napolitain Michele Costa, on annonce à Verdi, à son arrivée à Londres, que sa cantate ne peut être exécutée ! L'affront le touche semble-t-il moins qu'il n'indigne l'opinion anglaise. Ecartée de la soirée inaugurale de l'Exposition universelle, la cantate de Verdi sera néanmoins exécutée au Her Majesty's Theatre devant un public massif et enthousiaste – et Verdi retourne en Italie après cette parenthèse assez désagréable. Il lui reste deux mois avant de repartir pour Saint-Pétersbourg.

Il y arrivera à la mi-septembre et les répétitions de *la Forza del destino* se dérouleront cette fois sans encombre, jusqu'à la première, le 10 novembre 1862, qui recueille un très grand succès, malgré les intrigues fomentées par les zélateurs de la musique allemande. Le tsar n'avait d'ailleurs pas fait les choses à moitié, mettant à la disposition de Verdi les choristes des régiments de la Garde et n'hésitant pas à dépenser 200 000 francs pour la mise en scène. Le 9 décembre, Verdi quitte Saint-Pétersbourg pour Paris.

Le nouvel Opéra qui succède au théâtre de la place Louvois endeuillé par l'assassinat du duc de Berry – et démoli pour cette raison – avait été édifié en 1821 en douze mois, un temps record pour l'époque. Construit sur les plans de l'architecte Debret, son entrée donnait rue Le Peletier, entre la rue de la Grange-Batelière et l'actuelle rue Rossini. La façade, un étage colossal de huit grandes baies, surmonté de statues et flanqué de deux avant-corps à claire-voie, reposait sur un péristyle qu'abritait une marquise. On accédait à l'intérieur par des vestibules et des escaliers de marbre.

Où le maestro s'énerve de nouveau à Paris

La direction de l'Opéra profite du passage du maestro Verdi pour tenter d'amadouer le compositeur qui ne garde pas de très bons souvenirs de «la Grande Boutique», comme il appelle l'Opéra de Paris. On lui offre de monter *la Force du destin.* Mais Verdi préfère voir reprendre dans de bonnes conditions *les Vêpres siciliennes.* Projet accepté et mis en œuvre.

Les répétitions des *Vêpres* traînent à l'Opéra. Verdi, qui y assiste, fait un jour remarquer au chef d'orchestre qu'un des mouvements a été par trop accéléré. Le chef le fait reprendre mais l'orchestre, par dépit, ralentit alors de manière exagérée. Verdi explose et apostrophe violemment le chef :

«C'est une mauvaise plaisanterie, n'est-ce pas ?

– Bon Dieu, répond le chef, ces messieurs pensent qu'ils ont assez répété.

– Ah, vraiment ?

D'importantes créations y eurent lieu : six opéras italiens écrits en français ; *Guillaume Tell* de Rossini ; *les Martyrs* et *la Favorite* de Donizetti ; *Jérusalem, les Vêpres siciliennes* et *Don Carlos* de Verdi ; des opéras français parmi lesquels *la Muette de Portici* d'Auber, *la Juive* de Halévy, *Hamlet* d'Ambroise Thomas, *Faust* de Gounod ; enfin quatre opéras d'inspiration allemande dont *Robert le Diable, les Huguenots* et *le Prophète* de Meyerbeer, mais aussi *Tannhäuser* de Wagner.

– Comprenez, ils ont leurs occupations...

– Ah, ils ont leurs occupations ? Et leurs occupations ne sont pas celles de l'Opéra ? Bien. »

Verdi sort de la salle et repart incontinent pour l'Italie.

Quelques mois plus tard, le nouveau directeur de l'Opéra, Perrin, recontacte pourtant Verdi pour lui commander un nouvel opéra, lui en offrant 40000 francs. Escudier appuie la demande mais Verdi lui répond : « Vous plaisantez ? Écrire pour l'Opéra ? Croyez-vous donc que je puisse le faire sans risquer de me faire arracher les yeux ? » Il ajoute cependant : « J'aurais le courage d'affronter toutes les colères, toutes les malédictions si j'avais pour moi un directeur intelligent, à poigne, et M. Perrin l'est certainement. » Encore, note-t-il, faudrait-il un livret « ou au moins un beau sujet tout fait ».

Ce sujet, ce sera *Don Carlos*, d'après Schiller encore une fois

L'année 1866 commence. Verdi se met à la composition de cette nouvelle œuvre. Mais les événements politiques agitent à nouveau l'Italie. Les Autrichiens occupent toujours la Vénétie et le Parti de l'action, qui lutte pour la reconstitution intégrale du royaume d'Italie, envisage de s'allier à la Prusse contre l'Autriche pour reconquérir cette province. Le 18 juin, l'armée italienne se met en campagne. Verdi, comme toujours, se passionne intensément pour les événements et son travail s'en trouve ralenti. Pourtant, après quelques péripéties nouvelles – au milieu desquelles la tristesse du patriote Verdi qui voit, à la suite de la paix que l'Italie est

Magnifique opéra aux très vastes dimensions, faisant s'opposer des conflits publics, politiques, à des conflits privés, amoureux, dans une sorte de démesure lyrique, *Don Carlos* offre une partition d'une rare richesse, soutenue par un orchestre important. Verdi a su peindre ici l'austérité grandiose de l'âme espagnole en même temps que la tourmente des passions avec une force exceptionnelle.

obligée de signer avec l'Autriche, la Vénétie toujours en dehors du royaume d'Italie –, l'opéra est achevé. Et mis en répétition, avec tous les ennuis habituels à l'Opéra de Paris, interruptions diverses, maladies vraies ou diplomatiques, paresse, lenteur («On discute des journées entières pour savoir si Marie Sax et Jean-Baptiste Faure doivent lever un doigt ou la main entière!»), de quoi désespérer l'homme le plus patient du monde – ce que n'est certainement pas Verdi!

Le 11 mars 1867 enfin, *Don Carlos* est créé en présence de l'empereur, de l'impératrice, des ministres, des ambassadeurs et des personnalités les plus importantes de la politique, des arts et des sciences. L'accueil manque de

Certaines pages sont parmi les sommets de tout le théâtre lyrique: du grand monologue de Philippe II à l'acte IV à celui d'Elisabeth au dernier acte, ou de l'impressionnante scène de l'autodafé, avec son fantastique souffle choral, au saisissant affrontement du roi et du Grand Inquisiteur, duo de basses d'une puissance dramatique sans égale.

chaleur : c'est plus un succès d'estime que d'enthousiasme. Verdi ne s'y trompe pas qui écrit aussitôt : «Hier soir, *Don Carlos* n'a pas eu le succès que j'espérais.» Le triomphe public, il faut le dire, fut peut-être retenu par l'attitude de l'impératrice, pétrie de moralisme rigoureux, qui manifesta clairement sa désapprobation de la scène entre le roi et le Grand Inquisiteur, allant jusqu'à détourner la tête quand le souverain dit : «Tais-toi, Prêtre...»

Et puis, il y a l'habituel cortège des nationalismes étroits, discrètement agités par des compositeurs français, tels Saint-Saëns ou Reyer, s'indignant qu'un «étranger» leur ait été préféré pour une commande de l'Opéra. Bien sûr, Verdi commence à y être habitué, on accuse encore une fois sa musique de se laisser corrompre par le «système wagnérien». «Mais la question n'est pas de savoir si *Don Carlos* appartient à un système mais de savoir si la musique est bonne ou mauvaise. La question est nette, simple, juste surtout», s'irrite Verdi. *Basta* ! Paris lui pèse décidément trop : il est temps de rentrer en Italie.

Représenté en juin au Covent Garden de Londres, *Don Carlos* recevra pourtant un autre accueil que celui, tiède, de Paris.

Où le maestro gagne sa campagne d'Égypte

De retour à Busseto, Verdi se repose quelque peu, non sans surveiller les reprises nombreuses de ses ouvrages, particulièrement *la Force du destin* qui triomphe partout, et qu'il remanie en 1869 pour la Scala, effectuant quelques transformations, en particulier sur la scène finale, moins échevelée, plus élevée, plus inspirée. Le succès est immense : la Scala ne désemplit pas durant quatorze soirées. Bien d'autres événements émaillent la vie de Verdi, quelques polémiques avec le ministre de l'Instruction publique, avec la municipalité de Busseto, qui fait édifier un théâtre Verdi, ce qui met le maestro de mauvaise humeur, au point qu'il boude le théâtre ostensiblement, considérant que la ville entend utiliser son nom pour une

On peut bien caricaturer les excellents rapports de Verdi avec Napoléon III, le compositeur n'en reste pas moins sévère envers l'Opéra de Paris : «Ainsi à Londres on monte bien une œuvre en quarante jours alors qu'à Paris il faut des mois pour la monter mal. (...) Le rythme est lettre morte à l'Opéra de Paris et aussi l'enthousiasme.»

« Le théâtre de la Scala peut contenir trois mille cinq cents spectateurs placés fort à leur aise ; il a, autant que je puis m'en souvenir, deux cent vingt loges, où l'on peut être trois sur le devant ; mais, excepté les jours de première représentation, l'on n'y voit jamais que deux personnes, le cavalier *servente* et la dame qu'il conduit ; le reste de la loge ou petit salon peut contenir neuf à dix personnes, qui se renouvellent toute la soirée. On fait silence aux premières représentations ; et aux suivantes, seulement quand on arrive aux beaux morceaux. Les gens qui veulent entendre tout l'opéra vont chercher place au parterre, qui est immense, garni d'excellentes banquettes à dossier et où l'on est fort à son aise, et tellement à son aise que les voyageurs anglais y comptent avec indignation vingt ou trente dormeurs penchés sur deux banquettes. L'usage est de s'abonner. Les loges sont des propriétés particulières et se louent à part. »

Stendhal,
Vie de Rossini

entreprise de pure vanité. Par ailleurs, il lance, à l'occasion de la mort de Rossini, l'idée d'un *Requiem* qui serait écrit à plusieurs par les meilleurs compositeurs italiens – projet qui échouera dans les sables de la mesquinerie et des petites intrigues...

Avec Du Locle, son librettiste pour *Don Carlos,* il échange une correspondance à propos de quelques idées de livrets, «mais de toute façon pas pour l'Opéra de Paris», précise-t-il. Du Locle lui propose quantité de sujets, du *Tartuffe* de Molière à *Froufrou* de Meilhac et Halévy, en passant par une pièce de Victorien Sardou et une comédie espagnole.

Un jour, Du Locle envoie un bref synopsis de quatre

pages, anonyme, résumant une histoire qui se passe dans l'Antiquité égyptienne. «Qui a inventé cela ? demande Verdi. C'est à la fois théâtral et décoratif, avec deux ou trois situations très belles.»

En fait, c'est Du Locle lui-même qui a tiré ce scénario d'une nouvelle due à l'égyptologue français Mariette, lequel avait convaincu le khédive d'Égypte Ismaïl Pacha qu'elle serait un excellent argument d'opéra qu'on pourrait représenter pour les cérémonies d'inauguration du canal de Suez. Ismaïl Pacha, en grand admirateur de la civilisation européenne, avait été séduit par l'idée. Du Locle avait alors été chargé d'écrire le livret et surtout de choisir entre les trois compositeurs les plus illustres de France, d'Allemagne et d'Italie, c'est-à-dire Gounod, Wagner et Verdi, lequel serait le plus apte à écrire la musique de cet opéra qu'on souhaitait fastueux. Bien évidemment, Du Locle choisit Verdi, qui se laisse convaincre assez facilement, séduit par les situations offertes par ce scénario. Finalement, le canal de Suez étant ouvert depuis novembre 1869, c'est au nouveau théâtre du Caire que l'opéra sera créé, avertit-on Verdi. Celui-ci acquiesce en posant une seule condition : qu'il puisse désigner un chef d'orchestre en qui il ait confiance pour assurer les répétitions et la création à sa place, car il n'entend pas se rendre en Égypte. La création est fixée au mois de janvier 1871 : il faut donc que la partition soit prête pour le mois de décembre 1870.

Verdi travaille à cette *Aïda* avec une réelle excitation. Il reprend le livret de Du Locle et le modifie puis, comme à son habitude, impose à Ghislanzoni, chargé de faire les

Mariette, l'égyptologue, le savant mondialement connu, écrit un opéra ! Nouvelle étonnante dans le monde des archéologues. Pourtant Mariette était aussi journaliste ; sa passion pour l'Égypte et ses talents de dessinateur en ont fait l'initiateur de cette *Aïda*.

Le 17 novembre 1869, devant un public d'invités européens, se déroulent les cérémonies d'inauguration du canal de Suez. Une brèche est ouverte dans la dernière digue : les 162 km du canal relient désormais la Méditerranée à la mer Rouge. Pour la France, c'est une immense opération financière. Pour l'Égypte, c'est la première démonstration du rôle stratégique qu'elle va désormais jouer.

vers, les modes, les mètres, les accents dont il a besoin, jusqu'aux mots lorsque ceux employés par le poète ne sont pas ceux qu'il entend, qu'il cherche, qu'il veut. Et puis, pour la première fois, Verdi se soucie de la vérité du détail, se renseignant de façon précise sur les us et coutumes de l'Égypte ancienne, sur les circonstances historiques, sur les instruments de l'époque...

Verdi travaille avec passion, se mêlant plus que jamais de l'écriture poétique, allant parfois jusqu'à prendre la place de son librettiste

Il ne lui demande ensuite que de souder les vers et de les harmoniser. Ainsi lui écrit-il : «Pour le finale du dernier acte, je voudrais qu'on évite l'habituelle convention des morts d'opéra : ''Mes sens m'abandonnent... Je m'éteins la première... Attends-moi... Elle est morte et je vis encore'', etc. Je voudrais quelque chose de doux et d'éthéré, un adieu simple à la vie. Aïda s'endormirait calmement dans les bras de Radamès, tandis qu'Amneris à genoux sur leur tombe prononcerait un *Requiescat in pace.* J'ai envie de rédiger ce finale pour que vous compreniez mieux.» Et en effet, Verdi envoie à Ghislanzoni les derniers vers en lui demandant de les arranger.

Quelque temps plus tard, alors que le librettiste a envoyé son travail, Verdi lui écrit : «Cher Ghislanzoni, j'ai reçu vos vers. Ils sont merveilleux, mais pas tout à fait ce que je souhaite. Et puis vous les avez renvoyés bien tard et j'ai déjà composé ma musique sur les vers monstrueux que je vous ai fait parvenir.» Ainsi le texte du duo *O terra addio* (pas si monstrueux que ça) est-il de Verdi lui-même.

Antonio Ghislanzoni, le librettiste de *Aïda*, doit suivre à la lettre les indications de Verdi, qui se soucie beaucoup de l'exactitude historique des situations. Ainsi, le maître lui donne son accord pour «prévoir autant de prêtresses qu'il le désire, et même en ajouter, dans la scène II de l'acte I».

A la mi-novembre, l'opéra est terminé, avec un mois d'avance sur le tableau de marche prévu. L'opéra pourra donc être créé en janvier 1871… C'est compter sans les événements politiques. 1870 : c'est la guerre entre la France et l'Allemagne. Paris est assiégé et les décors et costumes que Mariette a fait exécuter à Paris ne peuvent en sortir ! Il faudra attendre le 24 décembre 1871 pour que, la guerre terminée, les décors enfin acheminés, *Aïda* puisse être créée à l'Opéra du Caire. La mise en scène en est somptueuse, le khédive n'ayant rien épargné pour cela : costumes réalisés à Paris, décors peints par les plus grands peintres français d'après les dessins de Mariette.

La représentation est triomphale : «Succès splendidissime», dit un télégramme envoyé aussitôt à l'issue de la première. Les plus grands critiques français et italiens ont été invités et donnent des comptes rendus enthousiastes.

En fait, Verdi, sans se laisser influencer par l'évolution du langage musical de son époque (mais sans l'ignorer non plus), ne fait qu'approfondir la voie qu'il a ouverte depuis *Rigoletto* et creusée avec les opéras qui ont suivi, *Un ballo in maschera* et *Don Carlos.* Non qu'il ne soit sensible à diverses innovations – ainsi en est-il de la disposition de l'orchestre, puisqu'il va jusqu'à souhaiter «l'orchestre invisible» : «L'idée n'est pas de moi, elle est de Wagner. Je la trouve excellente. Il est absurde aujourd'hui de tolérer ces queues-de-pie et ces cravates blanches sur fond de costumes égyptiens, assyriens ou druidiques. L'orchestre fait partie

La maquette des costumes d'*Aïda* est d'Auguste Mariette, les décors ont été réalisés sur ses indications, par Chaperon. C'est sur des monuments égyptiens qu'ils ont été copiés, qu'il s'agisse de ce décor du IIIe acte représentant le temple d'Isis à Philae, ou des costumes des soldats dans le défilé de l'acte II, qui ont été relevés dans la tombe de Ramsès III.

Opéra à grand spectacle (tout le monde connaît la fameuse scène du triomphe, ouverte par la célébrissime marche des trompettes), *Aïda* n'est trop souvent considéré que comme un «Ben Hur lyrique». Alors que c'est aussi une œuvre intime, qui réunit pour les briser trois êtres déchirés entre leurs sentiments patriotiques et leurs passions humaines : le devoir ou l'amour est une alternative classique de l'opéra romantique. A écouter attentivement *Aïda,* on se rend compte que, dans la continuité de *Don Carlos,* c'est une œuvre bouleversante qui manifeste une fantastique évolution du lyrisme verdien et un souci d'humaine vérité qui atteint au pathétique. Étouffés d'emblée dans la logique mortelle de leur passion, les héros ne peuvent finir qu'étouffés dans le tombeau où on les enferme vivants : les défilés sont bien loin ! En fait, défigurée par quelques réalisations en technicolor, *Aïda* est une œuvre à réhabiliter.

d'un monde auquel le public ne devrait pas avoir d'accès visuel.»

Mais, événement, Verdi, enfin réconcilié avec la Scala, a accepté d'y monter *Aïda* pour le carnaval de 1872. Il y apporte tout son soin, s'occupant à la fois de la mise en scène comme de faire apprendre leur rôle aux chanteurs, même aux seconds plans. Dire que tout se passe dans la douceur serait ne pas connaître Verdi ; il reconnaît d'ailleurs volontiers son manque de diplomatie : «A dire vrai, je suis encore moins aimable au théâtre que dans la vie. Ce n'est pas peu dire... C'est que je ne comprends jamais les choses comme tout le monde. C'est pourquoi, sans doute, je n'arrive pas à prononcer certains mots qui arrangent les situations. Je ne saurais dire à un chanteur, par exemple : ''Quel talent, quelle expression ! Et la voix ! Il faut retourner cinquante ans en arrière pour trouver une voix comme la vôtre !''. Et aussi : ''Quel orchestre, quels chœurs ! C'est le premier théâtre du monde...''.»

L'œuvre triomphe le 8 février 1872. Verdi est rappelé sur scène trente-deux fois ; on lui fait hommage d'un sceptre d'ivoire et d'or. Le soir même il note : «Ce n'est probablement pas ce que j'ai écrit de pire. Le public semble l'avoir aimée. Je pense qu'elle remplira n'importe quel théâtre...»

En effet, *Aïda* est reprise dans nombre de théâtres avec le même éclatant succès. A Naples, le délire atteint à son comble, Verdi étant porté en triomphe, à l'issue de la représentation, du San Carlo jusqu'à son hôtel, à la lueur de milliers de torches et les «trompettes magiques» répètent sous ses fenêtres la marche du second acte, devenue depuis un «tube» mondial. Désormais on parlera en Italie, pour signifier que le sommet est atteint, d'un succès «à la *Aïda*».

Aïda est créé à Paris le 22 avril 1876. Giuseppina écrit à Ricordi : «L'exécution a été excellente en ce qui concerne l'orchestre malgré quelques faiblesses dans les instruments à cordes. Les harpes, par exemple, ressemblaient à des guitares. Les timbales étaient également très faibles. L'exécution des chœurs a été moins satisfaisante : il est bien vrai qu'ils ont peu de voix en général, mais ils ont par contre beaucoup d'indiscipline. Conséquences et fruits de la Commune !»

Verdi a toujours eu une immense admiration pour le grand poète Alessandro Manzoni qu'il considère comme l'un des phares de l'esprit italien. Pour les Italiens, il est à la littérature ce que Verdi est à la musique. Et pour des raisons semblables : à travers *les Fiancés,* qui ont pour cadre la Lombardie du XVIIe siècle, au moment où elle souffre du joug espagnol, Manzoni exalte l'esprit patriotique au même titre que Verdi avec *Nabucco ou les Lombards.*

CHAPITRE VI

LE DERNIER ACTE

Trois héros pour une Italie enfin unifiée : Verdi le maestro ; Garibaldi l'aventurier politique ; et Manzoni, la plus grande gloire de la littérature. L'Italie lui fera d'ailleurs des funérailles nationales, la famille royale elle-même conduisant le deuil.

Le 28 avril 1873, le fils aîné de Manzoni, Pietro, meurt à Milan. La raison du poète bouleversé «s'altère et diminue devant le cadavre de son fils, avant même que le corps ne repose dans la tombe». Et, moins d'un mois plus tard, en sortant de l'église San Fedele où il était allé prier pour le repos de l'âme de son fils, Alessandro Manzoni tombe lourdement : sa tête heurte violemment une marche de l'escalier. Il ne reprend pas connaissance et meurt le 22 mai. Verdi est effondré. Dès le lendemain il écrit à son éditeur Ricordi : «Je suis profondément affligé par la mort de notre Grand Homme. Peut-être, après avoir réfléchi et pesé mes forces, vous proposerai-je quelque chose pour honorer sa mémoire.»

La *Messe de requiem* est décidée : elle sera composée à la mémoire de Manzoni

En fait elle est déjà, sinon écrite, du moins «pensée» en grande partie. On se souvient en effet que Verdi avait déjà proposé l'écriture d'une messe de requiem à la mémoire de Rossini. Il en avait composé le *Libera me,* puis, au hasard des jours et «pour ne pas perdre la main», avait continué d'esquisser plusieurs autres parties, dont probablement le *Dies irae.*

Accablé, Verdi ne trouve pas la force de se rendre aux grandioses funérailles de Manzoni, le 29 mai. Mais il écrit à Mme Maffei : «Je n'étais pas présent, mais peu de gens auront été aussi tristes et aussi émus que je l'ai été ce matin, malgré mon éloignement. Tout est terminé maintenant ! Avec lui finit la plus pure, la plus sainte, la plus haute de nos gloires. J'ai lu beaucoup de journaux : aucun n'en parle comme il faudrait en parler. Beaucoup de mots, peu d'émotion. On y trouve même des perfidies. Même à lui ! Oh, quelle vilaine race nous sommes !»

Pourtant, le 2 juin, il se rendra, seul, au cimetière monumental de Milan et restera longtemps recueilli devant la tombe du poète. Et, le 3 juin, il écrit à Ricordi : «J'aimerais montrer l'affection et l'adoration que j'ai portées et que je porte encore à ce Grand Homme qui n'est plus et que Milan a si dignement honoré. Je voudrais composer une messe pour les morts, à exécuter l'année prochaine pour l'anniversaire de sa mort. La messe sera d'assez vastes dimensions et, en plus d'un grand orchestre et d'un chœur important, elle exigera aussi (je ne peux pas être plus précis pour le moment) quatre ou cinq chanteurs

Teresa Stolz, après avoir chanté Aïda lors de sa création à la Scala en 1872 est à nouveau l'interprète de Verdi dans le *Requiem.* Le travail de répétition qu'ils mènent ensemble est très probablement le prélude à une liaison amoureuse. Giuseppina, l'épouse de Verdi, s'en plaindra souvent

« Je serai à Milan ce samedi à 5 h 30 ; convoquez les quatre chanteurs pour 8 h précises dans la salle que la municipalité aura choisie (...). Je ne veux pas que les partitions soient distribuées auparavant. Samedi soir, on leur fera écouter leur partition sans qu'ils chantent... En fait, peut-être pour cette raison, ce serait mieux d'inviter les hommes d'abord à 8 h, et les femmes après, à 9 h... Je dis de ne pas distribuer les partitions, mais si Maini (que je crois très lent) demande la sienne, vous pouvez la lui donner. Mais ne les donnez pas à Stolz ni à la Waldmann. J'ai peur qu'elles fassent des erreurs de prononciation. »

Lettre à Ricordi

principaux. Vous pouvez considérer ma lettre comme un engagement formel.»

Il se met alors activement à la composition du *Requiem.* Et songe en même temps au quatuor vocal qu'il souhaite pour le créer : le ténor Capponi, la basse Maini et, comme soprano et mezzo, la Stolz et la Waldmann. Verdi apprécie de plus en plus l'art de ces deux chanteuses d'origine germanique – et sans doute, en ce qui concerne Teresa Stolz, apprécie-t-il plus que sa voix... Ce dont Giuseppina se rend bien compte : elle a cinquante-huit ans, la Stolz en a trente-six. Si le ménage Verdi donne jusqu'à la fin l'image d'une union exemplaire, c'est parce que Giuseppina sait en préserver l'essentiel, malgré la fuite du temps qui en a probablement affaibli les liens physiques. Accepter l'inéluctable est alors tout autant une preuve de sagesse qu'une preuve d'amour et Verdi, malgré d'autres sollicitations auxquelles il cède, n'en aime que davantage celle à laquelle l'unit des liens autrement profonds que ceux de la satisfaction physique, les liens d'une vie construite ensemble.

Le 10 avril 1874, Verdi remet sa partition à Ricordi. Et les répétitions commencent. Comme toujours avec Verdi, elles ne se déroulent pas sans tension et les exigences du maestro sont toujours aussi impérieuses.

Le 22 mai 1874, juste un an après la mort de Manzoni, a lieu la première exécution de la *Messe de requiem* en l'église San Marco.

Cent vingt choristes, cent instrumentistes, un prestigieux quatuor, Verdi lui-même au pupitre

La sensation est considérable. Trois jours plus tard, Verdi dirige à nouveau son *Requiem,* à la Scala cette fois. Il le dirigera encore à Paris, à l'Opéra-Comique, au Royal Albert Hall de Londres et à l'Opéra de Vienne.

Traité comme une action dramatique, avec la diversité de ses couleurs, les variations de ses dimensions, ses ensembles, ses apartés, le *Requiem* apparaît comme un «opéra de la mort». Et c'est un drame, un mélodrame

même au sens fort, qui sublime dans le chant la douleur devant le mystère de la mort, avec la puissance visionnaire des grandes fresques du *Jugement dernier.* Verdi notera avec satisfaction : «Il me semble que je suis devenu quelqu'un de sérieux et que je ne suis plus un batteur d'estrade racolant le public en criant : ''Entrez, mesdames et messieurs'', en tapant sur ma grosse caisse.» Pourtant, comme toujours, le *Requiem* suscite des critiques, essentiellement à cause de la «théâtralité» de cette œuvre sacrée. Giuseppina y répondra de façon très pertinente : «On parle beaucoup d'esprit plus ou moins religieux à propos de Mozart, Cherubini et les autres, qui ont tous mis leur musique dans des messes, sans chercher à contrefaire leur style. Il me semble que Verdi se devait d'écrire comme Verdi, en se conformant à sa propre façon de sentir et d'exprimer le texte.»

Verdi, de retour à son domaine de Sant'Agata, passe son temps à la culture, à l'élevage, qui le passionnent de plus en plus et lui font retrouver ce vieux fond paysan qu'il n'a jamais perdu

Il n'écrit plus, même si cela, en fait, l'ennuie : «Vous voulez avoir de mes nouvelles, écrit-il à Mme Maffei, mais je n'ai rien à dire ! Ma vie est trop stupide et trop monotone... Tous les jours c'est la même chose : ne rien faire.» On sent l'irritation vis-à-vis de cette existence oisive qui ne convient pas à son tempérament.

Pour passer le temps, il voyage en Europe avec Giuseppina. Partout où il passe, il est fêté avec transports, on joue ses œuvres avec succès... et on le presse d'en

Librettiste et grand ami de Verdi, Arrigo Boïto (à droite, de face) est de près de trente ans son cadet, mais il s'engage plus encore dans les combats politiques et artistiques de son époque. Il fait ainsi partie des volontaires garibaldiens et plus tard du Sénat italien ; il collabore par ailleurs à divers journaux et revues de musique.

«Verdi, en s'inspirant de la meilleure musique religieuse napolitaine, ne se coupe ni de la richesse de son temps ni de la vive ardeur de sa nature. Comme beaucoup de peintres religieux, il a dessiné sur la toile sacrée son propre portrait. La dévotion religieuse varie également dans son expression ; elle a ses pays et ses époques. Ce qui peut apparaître si passionné, si sensuel dans son *Requiem,* est né de l'émotivité de son peuple, et l'Italien a parfaitement le droit de se demander si oui ou non il peut parler au Bon Dieu dans sa langue natale !»

Édouard Hanslick

composer de nouvelles. En 1877, il séjourne à nouveau plusieurs mois à Paris («Ah ! Paris est belle, trop belle après qu'on a vu d'autres villes !»). Puis il revient en Italie, où son éditeur, Ricordi, tente lui aussi de le convaincre d'écrire un nouvel opéra... Rien n'y fait. Verdi se préoccupe à présent de luxe ; il emménage à Gênes dans le somptueux palais Doria.

L'appartement est vaste et riche, bordé d'un côté par les collines, de l'autre par la mer. Sur la grande terrasse où le soleil vient mourir, on voit souvent à la fin de l'après-midi une silhouette au port noble et austère se promener, les yeux perdus vers l'horizon : c'est Verdi. Les journées passent. Le temps semble le rattraper, s'il en croit les morts qui viennent comme une lugubre marée le lui rappeler. Ainsi, en janvier 1878, c'est le roi Victor-Emmanuel, «le père de la patrie», qui meurt à Rome ; en février c'est Pie IX, «le pape de l'amnistie» ; en avril, c'est Temistocle Solera, qui fut son librettiste pour *Nabucco,* son premier triomphe : «Ils meurent tous, tous !» s'exclame Verdi angoissé.

Mais on continue à le pousser à écrire un nouvel opéra ; sa bonne amie Mme Maffei, elle-même, s'y emploie. Verdi s'obstine : «Parlons sérieusement : pourquoi écrirais-je ? A quoi cela servirait-il ? Qu'y gagnerais-je ? Le résultat serait bien mesquin. J'entendrai dire dès le début que je n'ai pas su écrire et que je suis devenu un épigone de Wagner ! Belle gloire ! Après quarante ans de carrière, finir comme imitateur !»

Giulio Ricordi, son éditeur, ne se résigne pas. Il imagine divers moyens de fléchir Verdi et de le faire sortir de sa retraite. Il songe alors à opérer un rapprochement entre Verdi et Boïto. Ce dernier, même si son opéra *Mefistofele* triomphe en Italie, continue à manier la plume de poète avec le brio de ses vingt ans, quand il composa les vers de l'*Hymne des nations* pour Verdi. Un soir, à Milan, Verdi et sa femme dînent dans un restaurant de la via Manzoni avec Ricordi et Faccio, le chef d'orchestre. La conversation tombe, «par hasard», sur Shakespeare.

La villa Sant'Agata

« Après son art et sa patrie, ce que Verdi aime le plus au monde, c'est son village natal, le petit village de Busseto, si petit que vous le chercheriez en vain sur les cartes ordinaires de la Péninsule. Et pourtant, il est déjà célèbre aujourd'hui ! Verdi possède tout à côté de Busseto une immense propriété, où il a fait bâtir une villa que les paysans désignent sous le nom de *Villa del professore Verdi*. »

Verdi, le paysan

“C’est dans cette belle propriété, qui a près de deux lieues d’étendue, que Verdi va se reposer de ses fatigues et des ennuis des grandes villes, de ses triomphes le plus souvent (c’est ce qu’il appelle ses ennuis). Là, le fusil sur l’épaule ou un livre à la main, il visite, en se promenant, ses nombreuses fermes et cause avec ses *contadini* de culture, de labourage, de semailles, de récoltes, etc. Verdi a fait des études non moins consciencieuses d’agriculture que de contrepoint, aussi n’est-il pas depuis Busseto jusqu’à Parme une propriété mieux tenue que la sienne. Les paysans l’adorent, et le lui prouvent de mille manières et dans maintes occasions (...).
C’est pourtant entre ces murs qu’il a écrit la plupart de ses chefs-d’œuvre. De sorte qu’on peut dire que si la villa est due à une partie de ses ouvrages, elle s’est montrée reconnaissante en faisant éclore les autres.”

Léon Escudier

Verdi, le musicien

« Et maintenant voulez-vous savoir comment Verdi écrit ses partitions ? Il commence par s'emparer du sujet, par s'en rendre maître (...). Il le grave dans sa tête, de manière à s'identifier pour ainsi dire avec le drame et avec les personnages de l'action. Il en étudie les caractères, les passions (...).
Et qu'on ne croie pas, à voir la rapidité avec laquelle Verdi écrit – matériellement parlant – ses partitions, à voir surtout l'absence de ratures dans ses manuscrits, qu'il improvise ses partitions. Comme dans la nature, la gestation en est longue, l'enfantement en est prompt. Il porte ses ouvrages des mois entiers dans sa tête et dans son cœur ; puis, l'heure arrivée, il les met au monde dans le plus court espace de temps possible. »

Léon Escudier

Au nom d'*Othello,* Verdi réagit aussitôt. Le lendemain, Faccio emmène Boïto chez Verdi et ils poursuivent ensemble cette conversation sur *Othello.* Trois jours plus tard (Ricordi sait presser les choses quand il le faut !), Verdi a entre les mains une esquisse d'*Othello* transformée en livret par Boïto. Le compositeur la lit et l'apprécie.

«Mettez-la en vers, dit-il alors à Boïto. Cela servira toujours soit à vous, soit à moi, soit à un autre.» Mais la partie n'est pas gagnée pour autant. Verdi refrène l'élan de Ricordi et refuse d'aller trop vite. Giuseppina elle-même affiche quelque pessimisme : «Je crains bien que Verdi n'envoie dormir ce nouveau héros shakespearien aux côtés du *Roi Lear,* dont le livret, de Somma, repose dans ses tiroirs depuis quinze ans.»

Verdi garde pourtant en tête Othello, le «chocolat» comme il l'appelle

Il entretient une correspondance suivie avec Boïto à propos de ce livret, suggérant telle ou telle retouche, telle modification, telle adjonction. Petit à petit, le livret s'élabore ainsi selon les désirs exacts de Verdi. Pourtant, le compositeur hésite encore. Il sait que le milieu musical international a les yeux – et les oreilles – fixés sur Wagner et sa «musique de l'avenir». Et il sait que s'il fait un retour à l'opéra, c'est pour prouver qu'il peut y avoir un autre avenir pour la musique. Et puis, il a à présent soixante-sept ans et n'est plus aussi alerte qu'au temps de *Nabucco* ou du *Trouvère.*

C'est finalement un nouveau stratagème de Ricordi qui va contribuer à enclencher un travail commun entre Verdi et Boïto, préparant la voie à *Otello :* il s'agit du remaniement de *Simon Boccanegra.* Le succès de cette nouvelle version, le 24 mars 1881, prouve à Verdi combien leur collaboration est fructueuse. Et au grand baryton français Victor Maurel, qui remporte un triomphe personnel dans le rôle titre, Verdi laisse échapper : «Si Dieu me le permet, c'est pour vous que j'écrirai Iago.»

Les dés sont-ils jetés ? Voire. Si en effet on peut penser que sans le succès de ce *Simon Boccanegra* new-look il n'y aurait pas eu d'*Otello,* cela ne veut pas dire que Verdi s'est précipité sur son papier à musique. Au contraire, à l'automne 1881, il écrit à Mme Maffei : «Je m'occupe de terrains, de fermes, de terres. Ainsi passe la journée, sans que je fasse quelque chose d'utile, dépensant beaucoup d'argent sans que personne ne m'en soit reconnaissant !

❝Il me semble que je viens de brûler mes dernières cartouches. Oh ! la solitude de Sant' Agata ! je la peuplais jusqu'à présent de toutes les fantaisies qui traversaient mon imagination et que, bien ou mal, je traduisais en musique. Mais ce soir, le public a déchiré, je peux bien le dire, avec violence, le voile de mes derniers mystères. Il ne me reste plus rien (...) Oh ! la gloire ! la gloire. J'aimais tant la solitude en compagnie d'Otello et de Desdémone ! Maintenant la foule, toujours avide de nouveauté, me les a pris et ne me laisse plus que le souvenir de nos entretiens secrets, de notre chère intimité passée.❞

Entre les deux grands maîtres de l'art lyrique nés tous deux en 1813, et tous deux fervents nationalistes, la différence est claire : l'un a théorisé ses idées, l'autre les laissait surgir avec passion au bout de sa plume. Wagner a ainsi élaboré une construction intellectuelle qui sous-tend son œuvre, quand Verdi n'a fait que se livrer à la rage de la composition. Tous deux s'estimaient, mais wagnériens et verdiens, eux, se sont toujours posés en rivaux.

Ainsi va le monde, ainsi est-il allé, et ainsi ira-t-il toujours. Je le laisse aller. »

A Noël, Ricordi, pour rappeler Othello au souvenir de Verdi, lui envoie un *panettone,* le gâteau national italien, surmonté d'un petit nègre en chocolat...

L'année 1882 passe sans rien de nouveau du côté de cet Othello. Nouveau Noël, nouveau *panettone* de Ricordi, nouveau petit nègre en chocolat...

Le 13 février 1883, Richard Wagner, qui est né comme Verdi en 1813, meurt subitement à Venise. Dans son journal personnel, Verdi note : « Triste. Triste. Triste. Wagner est mort. En lisant hier la dépêche qui annonçait cela, j'en fus absolument atterré. Ne discutons pas. C'est une grande individualité qui disparaît ! Un nom qui laisse une empreinte puissante dans l'histoire de l'art. »

Par bribes, par élans successifs, il commence à écrire ce fameux opéra

Il correspond beaucoup avec Boïto, le fait souvent venir à Sant'Agata, où il continue de s'occuper de ses plantations.

A son éditeur Ricordi, Verdi écrit : «Je me moque un peu de ces voix raffinées, comme on dit. J'aime que mes rôles soient chantés à ma manière. Cependant je ne suis pas en mesure de donner à qui que ce soit ou la voix ou l'âme, ou ce je ne sais quoi qu'on appelle «avoir le diable au corps.» Toute sa philosophie vocale se trouve là : utiliser la tradition, mais la projeter dans la modernité qui l'ouvre à un dramatisme expressif nouveau. Faire de la voix un instrument de théâtre. D'où ces exigences nouvelles de mordant, d'articulation, de projection du son, d'émission en puissance : c'est le chant *di slancio,* alliance de la technique bel cantiste et des exigences dramatiques du théâtre lyrique. Fini le souci de la *bella voce* (couleur, timbre, pureté d'émission) s'il ne se justifie pas par une volonté expressive.

Pendant une partie de l'année 1884 et presque toute l'année 1885, Verdi cette fois lancé, s'adonne avec minutie à la composition d'*Otello*. Il sait l'enjeu que cette œuvre, qu'il considère comme ultime, représente pour lui – un enjeu d'autant plus excitant peut-être qu'il est inutile : sa gloire est suffisante pour qu'il n'y ajoute rien. C'est le défi probablement qui l'attire, et le plaisir de composer.

En octobre 1885, l'opéra est presque entièrement terminé. Il s'appelle finalement *Otello* et non *Iago* comme Verdi y avait d'abord songé, du fait d'abord que Iago est l'artisan central du malheur d'Otello, et du fait surtout que Rossini avait en son temps écrit un *Otello* : «Certes, c'est Iago le démon qui fait tout marcher, mais c'est Otello qui agit : il aime, il est jaloux, il tue et se tue. Ce serait une hypocrisie de ne pas appeler mon opéra *Otello* à cause de Rossini. Je préfère qu'on dise : ''Il a voulu lutter et il a été écrasé'' plutôt qu'on dise : ''Il a voulu se cacher derrière un autre titre.''»

En décembre 1885, Verdi reçoit une lettre du baryton Victor Maurel qui, rapportant le bruit qui court «dans les milieux parisiens musicaux et théâtraux» selon lequel Verdi aurait terminé son opéra, lui rappelle sa promesse et revendique l'honneur de créer «cette étrange et complexe figure, à laquelle le souffle puissant du génie verdien doit avoir donné des traits et des inflexions musicales sublimes». Mais Verdi répond que son opéra n'est pas encore vraiment terminé... et qu'il ne sait de toute façon pas s'il le fera représenter !

L'année 1886 se passe pourtant pour Verdi à affiner, retoucher, peaufiner sa partition, acte par acte, presque mesure par mesure. Et à choisir sa distribution. Cette fois la fin du feuilleton est proche. Mais cette année 1886 est endeuillée par la mort de la plus vieille amie de Verdi, la comtesse Maffei, sa chère Clarina, qui succombe à une méningite le 13 juillet : elle ne verra pas cet *Otello* qu'elle a tant poussé Verdi à écrire.

Enfin, le 29 octobre, Verdi annonce à Boïto : «Demain ou après-demain, la dernière note de l'instrumentation sera, je l'espère, terminée.» Et le 1er novembre, il confirme : «C'est fini ! Gloire à nous ! (et aussi à Lui !!!) Adieu.» Les copistes de Ricordi viennent eux-mêmes chercher le précieux manuscrit. Puis l'œuvre est mise en répétitions.

Verdi est à Milan dès le 4 janvier pour les diriger.

A ces exigences proprement techniques s'ajoutent celles d'une nouvelle stylistique, avec par exemple la fameuse «voix sombrée», prenant ses appuis plus bas que l'école traditionnelle ne l'indiquait. Le ténor et le soprano *spinto* ou, plus encore, le baryton Verdi apparaissent comme des produits de ce nouveau style de chant qui plie la technique à ses exigences. Adelina Salvi, Sophie Loeve, Maria Sasse, Teresa Stolz, Erminia Frezzolini, Maria Barbieri-Nini, Maria Waldmann, Eduardo Tamagno, Victor Maurel (sur la photo de gauche avec Verdi) Felice Varesi, Raffaele Mirate, Enrico Tamberlick en furent les meilleurs représentants à l'époque de Verdi.

Otello sur grand écran : le metteur en scène Zeffirelli, après *la Traviata*, a réalisé le film d'*Otello* avec Placido Domingo dans le rôle-titre, Justino Diaz dans le rôle de Iago et Katia Ricciarelli dans Desdémone.

Tout Milan ne bruit que de cette création, comme si la ville s'était enfiévrée jusqu'à la transe. Plus la date fixée pour la création avance, plus la tension monte. Le 3 février a lieu la générale mais personne n'a le droit d'y assister : Verdi est catégorique.

Arrive le grand jour, 5 février 1887. La foule bloque les rues avoisinant la Scala

A l'heure dite, les heureux qui ont pu se procurer un billet se précipitent. Au parterre, c'est une réunion de tout ce qui porte un nom dans le monde des arts et des lettres, venu du monde entier. C'est que le dernier opéra de Verdi, *Aïda,* a été créé il y a seize ans !... Fabuleux triomphe, un des plus grands peut-être de toute l'histoire du théâtre lyrique. A l'issue de la représentation, les spectateurs assiègent l'hôtel où loge Verdi, jusqu'à ce que le compositeur vienne sur son balcon recevoir l'ovation d'une foule en délire ; il y est bientôt rejoint par Francesco Tamagno, le ténor qui vient de créer le rôle d'Otello. Alors le chanteur fait taire la foule d'un geste et, là, sur le balcon, près de Verdi, à voix nue, il lance à nouveau sa claironnante phrase d'entrée : *Esultate!* Les milliers de personnes massées sous les fenêtres de l'hôtel de Milan lui répondent par une ovation et des hurlements d'enthousiasme, refusant jusqu'au matin de se disperser.

Le lendemain, le conseil municipal de Milan décide de nommer Verdi citoyen honoraire et le maire se rend à

Otello, la passion jusqu'à la folie, Iago, la trahison jusqu'au plaisir, Desdémone, l'innocence jusqu'au sacrifice. Pour donner leur dimension à ces personnages, Verdi n'a pas hésité à aller encore plus loin dans le paroxysme vocal : si Desdémone exige une grande voix lyrique qui n'est pas exceptionnelle dans le registre verdien, Iago demande un baryton de première force, ne serait-ce que pour projeter toute la violence de son terrifiant *Credo* du IIe acte ; et surtout Otello dépasse les capacités de l'habituel ténor *lirico-spinto* verdien et s'approche plus en fait de la carrure vocale du *heldentenor* wagnérien. C'est que Verdi, débordant le cadre trop strict de l'opéra, donne avec *Otello* un véritable drame musical secoué de fureur et de plaintes et constamment emporté par une inspiration mélodique qui s'imprime sur le tissu même du drame. Un chef-d'œuvre.

l'hôtel du maître avec tous ses conseillers pour lui remettre son diplôme. Et, le lui remettant avec les félicitations d'usage, il forme le vœu de revoir très bientôt Verdi à la Scala... avec un nouvel opéra. «Jusqu'à minuit je suis encore le maestro Verdi, puis je redeviendrai le paysan de Sant'Agata.» Mais le maire lance: «Pourquoi pas un opéra bouffe?» Verdi sursaute, puis murmure, rêveur: «Il y a quarante ans que je suis à la recherche d'un bon livret d'opéra bouffe...»

Dans la dernière scène, Otello étrangle Desdémone et, avant de se tuer lui-même, chante: «Avant de te tuer... femme... Je t'embrassai. Montant à présent... dans l'ombre... dans laquelle je m'étends. Un baiser... un baiser encore... ah! un autre baiser...» Sur la photo de gauche, les interprètes de la création: Francesco Tamagno et Romilda Pantaleone.

Où le maestro s'amuse avec un ventru

Verdi semble ne devoir plus s'occuper que de travaux agricoles dans son domaine de Sant'Agata. Il a soixante-quatorze ans. Un vieillard? Bien sûr la barbe a blanchi, les rides entourent les yeux, mais le regard est toujours aussi vif, la démarche alerte... et les coups de colère prêts à exploser. Par exemple quand on veut célébrer en grande pompe son jubilé artistique: en 1889 ce sera en effet le cinquantième anniversaire d'*Oberto,* son premier opéra. Mais Verdi, en paysan renfermé qu'il n'a cessé d'être, déteste qu'on fasse du bruit autour de sa personne. Il vient même de refuser qu'on donne son nom à l'hôpital qu'il a fait construire à Busseto, comme il ne veut pas qu'on le donne à la maison de repos pour musiciens qu'il fait ériger dans un faubourg de Milan – et qui pourtant portera plus tard, et jusqu'à aujourd'hui où elle est toujours en activité, le nom de Casa Verdi...

A la demande de Verdi, Boïto a effectué la traduction française d'*Otello.* En la lui apportant à Sant'Agata, il glisse l'idée de Falstaff comme belle figure de personnage bouffe... Verdi sursaute une nouvelle fois. Boïto n'hésite pas et fonce: il esquisse un livret à partir de deux pièces de Shakespeare, *les Joyeuses Commères de Windsor* et *Henri IV,* et l'envoie aussitôt à Verdi. Celui-ci répond en formulant de chauds compliments... et ajoute: «Je parle pour parler et ne prenez pas garde à ce que je dis. Mais ce Falstaff qui appartenait il y a deux jours au domaine des songes, le voilà maintenant qui prend corps et peut devenir réalité! Quand? Comment? Qui le sait? Je vous écrirai à ce sujet demain ou plus tard.» Il écrit, le lendemain, une lettre à Boïto, lui exposant ses scrupules : il ne veut pas que le travail sur *Falstaff* risque d'empêcher Boïto de mener à bien l'écriture de son propre opéra, *Nerone*. Boïto le rassure : il fera le livret de *Falstaff* et terminera son *Nerone* «à la date promise». «Amen, conclut Verdi, faisons donc *Falstaff*.»

Verdi commence à travailler avec une excitation de jeune homme, ragaillardi par la perspective d'offrir en bouquet final une sorte de pirouette en forme de pied de nez. Non d'ailleurs que ce *Falstaff* ne soit qu'un éclat de rire ; il est aussi traversé de mélancolie, d'amertume, des mille et une faces secrètes de l'âme humaine qui semble là dévoilée dans sa plus grande intimité. Il faut noter que pendant la composition de ce *Falstaff*, Verdi a la douleur de perdre encore plusieurs amis, dont son fidèle Emmanuele Muzio, qui avait été son disciple, puis une sorte de secrétaire et toujours un ami dévoué. L'œuvre avance par à-coups, avec des moments où la «tristesse de la vie», ce monde d'amis qui se dépeuple autour de lui, paralyse Verdi. Il écrit alors à Boïto qui l'interroge sur «le ventru», ainsi qu'ils nomment entre eux Falstaff : «Le pauvre ! Après cette maladie de quatre mois (l'inaction), il est maigre, maigre ! Espérons que nous trouverons quelque bon chapon pour lui regonfler la panse ! Tout dépend du médecin !... Qui sait, qui sait !»

Contrairement à son habitude, Verdi instrumente à mesure qu'il travaille, «de crainte d'oublier les combinaisons instrumentales» qu'il imagine. A la fin de 1891, l'œuvre est très avancée, mais elle requiert encore toute l'année 1892 pour être peaufinée, mijotée, finement agencée : «J'écris et je travaille comme un chien mais je ne finis jamais», se plaint Verdi qui reprend mesure par mesure sa partition pour conférer à l'ensemble cet équilibre subtil, cette légèreté expressive qu'il s'est assignés.

Je promets de donner *Falstaff* à la Scala pour la saison de carnaval 1892-1893

C'est ce que Verdi écrit enfin à Ricordi à l'été 1892, ajoutant : «Lorsque la troupe prévue sera complétée, je me réserve le droit de faire remplacer les chanteurs que je trouverai insuffisants aux répétitions. La création pourra avoir lieu dans les premiers jours de février, si le 2 janvier 1893 le théâtre est entièrement à ma disposition. Quant aux répétitions, on fera comme on a toujours fait. Seule la répétition générale devra se faire autrement. Jamais à la

«En ébauchant *Falstaff*, n'avez-vous jamais pensé au nombre considérable de mes années ? Je sais bien ce que vous allez me répondre, exagérant l'état de ma santé, si bonne, si excellente, si robuste... Ainsi soit-il : tout de même, vous serez d'accord avec moi pour dire qu'en me voyant entreprendre une telle tâche, on pourrait m'accuser d'une grande témérité. Et si l'effort était trop pour moi ? Et si je n'arrivais pas à finir la musique ? Alors, vous auriez perdu du temps et vous auriez travaillé pour rien ! Je ne voudrais pas de cela pour tout l'or du monde. Cette idée m'est intolérable.»

Lettre à Boïto

Scala je n'ai pu obtenir une répétition générale telle qu'elle devrait être dans un tel théâtre. Cette fois je serai intraitable. Je ne me plaindrai pas, mais si quelque chose ne me plaît pas, je partirai et vous n'aurez plus qu'à retirer l'opéra de l'affiche». L'âge, on le voit, n'a guère adouci l'humeur de Verdi et ne l'a pas rendu plus conciliant...

Le 18 septembre, il remet la partition complète de *Falstaff* à Ricordi. Sur la dernière page, il a noté, en forme d'adieu à son héros : «Va, vieux John, suis ton chemin pour le meilleur et pour le pire, sous les masques que tu porteras en différents temps et lieux...»

Le 2 janvier 1893, Verdi arrive à Milan avec sa femme. Et dès le 4 janvier on commence les répétitions : de six à huit heures par jour. Il n'en ressent pas de fatigue : son jugement est aussi vif, il est aussi difficile à contester, il a la même résistance que dans ses jeunes années, comme si le temps avait laissé intactes ses capacités physiques et intellectuelles alors qu'il est dans sa quatre-vingtième année. Certes il s'irrite aux répétitions, mais sitôt donné le signal de la pause il s'en va, tranquille et serein. Aux repas il mange avec appétit, sans excès mais avec goût pour la

«C'est incroyable le travail que Verdi a fait, fait et fera après la première de Falstaff.
Je suis allée hier à une répétition pour la première fois. Si j'en dois juger par ma tête et selon mon impression, il me semble que c'est l'avènement d'un genre nouveau, le point de départ d'un art nouveau, musique et poésie ! Nous verrons ce qu'en dit la Grande Assemblée, le respectable Public !»
Giuseppina Strepponi

cuisine délicate arrosée d'un verre de vin corsé. Et il se remet au travail avec une énergie intacte, après avoir fumé un bon cigare, jusqu'à ce que, la journée terminée, il s'enfonce sans insomnie dans un sommeil réparateur.

Vient le 9 février, jour fixé pour la création de *Falstaff*. Il fait un froid hivernal

Pourtant, dès le matin, la foule s'est attroupée pour essayer d'acheter les places qui pourraient être encore en vente. Ceux qui ne pourront pas entrer regarderont passer toutes les célébrités accourues pour l'événement : ce sera pour eux comme l'écho du spectacle.

Un spectacle superbe dont le triomphe est immense. A chaque acte les applaudissements redoublent. A la fin, les rappels se succèdent et Verdi est ovationné quand il paraît sur scène, avec Boïto qu'il entraîne pour lui faire partager son succès. Ovation que répète la foule massée autour de son hôtel, et qui l'oblige à réapparaître plusieurs fois à son balcon.

L'œuvre est aussitôt affichée dans tous les théâtres d'Italie, à Rome d'abord où le roi Umberto et la reine invitent le compositeur à assister à la représentation dans leur loge. Verdi est partout fêté, acclamé, ovationné. On lui remet des décorations, on le couvre de cadeaux en hommage à son génie. Il les reçoit sans marque excessive de satisfaction : on sait qu'il n'a jamais été très sensible au brillant des honneurs. Hochant la tête pour remercier de telle ou telle distinction, il semble murmurer dans sa belle barbe blanche : «Parlez moins et écoutez plutôt ma musique !» A moins que, plissant les yeux et semblant écouter les discours superlatifs qui s'entassent à ses pieds dans toutes les capitales, il ne fredonne avec humour la subtile et ironique fugue finale de Falstaff : *« Tutto nel mondo è burla»* (Tout au monde n'est que farce)...

Où Giuseppe perd sa Giuseppina

Verdi est revenu à Sant'Agata. Il s'occupe à différents travaux – mais l'on peut voir encore des feuilles de papier à musique sur la table de son cabinet de travail. C'est que, explique-t-il «il y a des gens prédestinés les uns à être cocus, les autres à devenir riches, ou désespérés. Moi, avec ma langue dans la bouche comme les chiens enragés, je suis prédestiné à travailler jusqu'à ce que le dernier coup de massue me tombe sur la tête !».

A 80 ans, Verdi, un demi-siècle après l'échec d'*Un jour de règne* prend une éclatante revanche dans un genre qu'il n'a guère cultivé, l'opéra bouffe. Mais en le traitant avec une originalité et une science de la composition qui est comme une sorte de traversée de la mémoire musicale, depuis les polyphonistes en passant par Mozart jusqu'à l'efflorescence de sa propre œuvre. Et en fait le style de cet opéra bouffe est rien moins que celui d'une farce, mais bien un style intime. L'orchestre est d'ailleurs presque constamment traité comme un ensemble de solistes d'une vivacité fulgurante. De même l'écriture vocale paraît-elle plus mozartienne que rossinienne. Le personnage de Falstaff, à la fois autoportrait de Verdi et miroir mélancolique, presque amer, d'une vie qui se regarde avec une sorte de frémissement sensible, est une des plus belles créations du maestro.

Après avoir interprété Iago à la Scala, le baryton français Victor Maurel (à gauche) crée le rôle de Falstaff.

En fait Verdi travaille un *Te Deum,* une «action de grâces, dit-il, pas pour moi mais pour le public, pour être débarrassé au bout de tant d'années de l'obligation d'entendre mes autres œuvres!». Mais Verdi n'entend pas le faire jouer, ni même le faire publier: «Que ce *Te Deum* soit placé sous ma tête quand je mourrai. Avec ce chant de gloire, je retournerai à Dieu pour implorer sa clémence.»

Car c'est une habitude pour Verdi d'écrire presque continuellement, «pour ne pas perdre la main». Ainsi entre deux opéras a-t-il toujours composé ou au moins ébauché des fugues, des madrigaux, des canons...

Mais Verdi est inquiet pour la santé de sa chère Giuseppina. En août 1897, les deux vieux époux sont à Montecatini. Un ami, qui séjourne avec eux, note dans son journal: «La Strepponi marche avec peine, s'appuyant à son bras, courbée. Le maître, par contre, quelle énergie encore avec ses quatre-vingt-quatre ans! Un nuage de cheveux blancs rejoint sa barbe, formant une auréole. Grand, droit, svelte lorsqu'il marche ou se retourne, vif dans sa façon de parler et de se rappeler les noms, les dates, lucide lorsqu'il expose ses idées sur l'art.»

La santé de Giuseppina décline: «Elle a perdu sa gaieté et ne parle presque plus», écrit Verdi à Boïto. Le 11 novembre, une forte douleur au côté la met au lit: c'est une pneumonie. Elle ne souffre pas, mais la fin approche très vite. A 16 heures, le 14 novembre 1897, la femme de Verdi s'éteint.

«Pas de fleurs, pas de cérémonies, pas de discours, a-t-elle demandé dans son testament. Je suis venue au monde pauvre, sans pompe. C'est sans pompe que je veux descendre dans la tombe. Je veux que mon convoi ait lieu aux premières lueurs de l'aube.» Le 16, à six heures et demie du matin, sa dépouille quitte la maison. Le ciel est triste et sombre comme un matin d'hiver. Tout Busseto assiste aux funérailles. L'office des morts est récité sans musique; la messe est lue puis on donne la bénédiction. A huit heures et demie tout est fini.

Giuseppe Verdi, seul, déchiré, pleure dans sa maison déserte

Il faut continuer à vivre. Ses amis entourent Verdi, sans trop d'insistance, sachant bien qu'il déteste par-dessus tout qu'on s'occupe de sa personne. Seule Teresa Stolz, accourue de Milan, ne quittera plus guère le vieux maître.

«Sur son visage, on remarquait toujours les traits de sa première beauté; sous sa belle chevelure grisonnante, les mèches blondes encore présentes et le teint rosé de sa peau lui donnaient, à première vue, une apparence de jeunesse, tandis que ses yeux pâles lui prêtaient naturellement une expression sévère qui contrastait avec la gaieté de son esprit. (...)
A moins qu'on ne l'oblige, elle ne parle jamais de son passé artistique comme si sa première gloire, comparée à la nouvelle, lui semblait trop pauvre pour qu'elle s'en vante. Et pourtant, de temps en temps, en la voyant à côté du maestro, on ne pouvait s'empêcher de penser que, cinquante ans plus tôt, elle avait prêté sa voix d'or à son premier triomphe, et qu'une longue et heureuse existence était résumée dans cette phrase: Elle chanta *Nabucco* et elle fut témoin du triomphe de *Falstaff*.»

Edmondo de Amicis

Sans Giuseppina, la vie de Verdi se passe essentiellement à Milan entre le Grand Hôtel où il a son appartement et la Scala. «Je ne suis pas malade mais je suis trop vieux ! Vivre sans être capable de faire quoi que ce soit ! C'est très dur ! »

Quels qu'aient pu être les liens qui, vingt-cinq ans plus tôt, avaient uni Verdi à la Stolz, Giuseppina les avait acceptés sachant que rien ne pourrait mettre en péril l'essentiel, c'est-à-dire cette somme de mémoire élevée ensemble et qui fait une vie –, le temps a passé. Teresa Stolz n'a jamais cherché à accaparer Verdi, à le prendre à Giuseppina ; les deux femmes ont même tissé des liens d'amitié. A présent, pas plus Teresa ne s'impose ; elle sait qu'il n'est pas, qu'il ne peut pas être question de remplacer Giuseppina. Elle veut simplement, avec beaucoup de tendresse, adoucir la solitude du vieillard.

L'autre ami fidèle des dernières années de Verdi est bien sûr Boïto. C'est lui qui convaincra Verdi de réunir ses *Pezzi Sacri* (Pièces sacrées) – le *Te Deum*, les *Laudi alla Vergine Maria* et un *Stabat Mater* écrit juste après le *Te Deum* – et de les laisser créer à Paris le 7 avril 1889, où elles sont reçues avec le succès qu'on imagine. La création italienne aura lieu à Turin, sous la direction d'un chef dont on commence à parler et qui vient humblement chez Verdi demander des conseils pour l'exécution de ces morceaux : il s'appelle Arturo Toscanini. Il deviendra un des plus grands chefs d'orchestre du XXe siècle.

Vient l'année 1901. Verdi est à Milan, à l'hôtel. «Je ne suis pas malade, dit-il, mais je sens que tout me fatigue.

Je ne peux plus lire, je ne peux plus écrire. Je vois peu, ressens encore moins et, surtout, mes jambes ne me soutiennent plus. Je ne vis pas, je végète... Je n'ai plus rien à faire en ce monde ! »

Le 21 janvier, il a une attaque, perd connaissance et se renverse en arrière, inerte : c'est une hémiplégie qui paralyse le côté droit. La nouvelle se répand en un instant dans la ville, dans le monde. Le roi, les ministres, le Sénat, la Chambre des députés, les amis, les admirateurs envoient des télégrammes. Boïto, brisé de douleur, quitte la chambre de Verdi le visage décomposé. Sous les fenêtres de l'hôtel, une foule silencieuse, immobile, veille en attendant des nouvelles. A l'aube du 24, une nouvelle crise survient. On fait venir le curé de l'église de San Fedele pour l'extrême-onction, celui-là même qui a adouci les derniers moments d'Alessandro Manzoni. « Une longue pression de la main, racontera-t-il, un regard significatif, une expression profonde, m'assuraient qu'il avait pénétré dans une pensée religieuse. Ce ne fut qu'un moment, mais pour lui, pour moi, ce fut un moment précieux. Sa langue était immobile mais ses yeux me parlaient, comme

A Montecatini, station thermale de Toscane, Verdi fait un dernier effort pour se soigner. A sa droite, Teresa Stolz, la belle cantatrice, est devenue une dame imposante qui s'occupe tendrement du vieil homme.

me parlait sa pression de main. Ce fut le dernier regard, ce fut le dernier salut du grand musicien italien. J'eus à peine le temps de le recueillir : il ne donna plus ensuite de signe de connaissance et expira sereinement.»

Il est 2 heures 50, le 27 janvier 1901

«J'ordonne que mes funérailles soient très modestes et aient lieu au lever du jour ou à l'*Ave Maria* du soir, sans chant ni musique. Deux prêtres suffiront, deux cierges et un croix.» Selon ce vœu, le 30 janvier, à six heures et demie du matin, le modeste char funèbre quitte l'hôtel entre deux épaisses haies de foule. C'est un matin brumeux et rigoureux d'hiver milanais. Devant San Francesco di Paolo, le cortège s'arrête. La dépouille est portée dans l'église pour y être bénie puis elle est remise sur le char. Le silence est impressionnant, recueilli. Une intense émotion serre les cœurs. Le cortège reprend sa marche grave jusqu'au cimetière monumental. La fosse est préparée, auprès de celle de Giuseppina. Pas de discours, la bière est vite descendue. Le ciel est bas. Le bruit sourd des premières mottes jetées sur le cercueil étreint la foule. A huit heures et demie, la terre recouvre la dépouille de Giuseppe Verdi.

Où le maestro ne peut empêcher un dernier rappel

Le peuple italien, s'il a respecté la volonté de Verdi, veut pourtant maintenant le saluer d'un témoignage à la mesure de son deuil et de sa vénération. Le gouvernement décrète donc que les dépouilles de Giuseppe et Giuseppina Verdi seront transportées dans la crypte de la maison de repos pour les musiciens. Les autorités décident que ce transport aura lieu le trentième jour après la mort du maître. Le 27 février, à huit heures du matin, dans une lumière sereine, les deux dépouilles sont exhumées et posées sur un char monumental dessiné tout exprès par deux architectes. La foule est immense, plus de 300 000 personnes. Et tandis que le cortège se met en route, 900 choristes, accompagnés par l'orchestre de la Scala et dirigés par Toscanini, entonnent le chœur célèbre entre tous, le *Va pensiero* de *Nabucco*. Un frisson passe dans l'assistance. Le soleil même se retient de briller. Chacun regarde devant soi pour ne pas voir dans les yeux de son voisin le reflet de ses propres larmes.

«Oh ! combien chétive parut la bière ! Elle contenait pourtant la grande âme chantante et glorieuse de l'Italie. Tout le lyrisme sanglant de son indépendance conquise, toute son âme libératrice était là. Une race entière menait ainsi les funérailles de son âme sonore !
(...) Toute l'atmosphère était gonflée d'idolâtrie et de désespoir. La canaille et la glèbe étaient venues aussi des faubourgs et des campagnes, déferlant, grouillant par masses confuses, rejaillissant en écume noirâtre sur les corniches, les socles des monuments, les terrasses et les pignons...
Deux petits chevaux noirs traînaient le corbillard : un petit reposoir surmonté d'un dais noir et recouvert de draperies noires ; le cocher vêtu de noir, à tricorne noir.
Des ordres furent transmis et quatre rangs de soldats casqués d'or formèrent un carré étincelant autour du corbillard en marche. On eut dit, de loin, une de ces roulottes de saltimbanques au cocher sommeillant, dont les roues disloquées et lasses ont gémi dans toutes les ornières de la terre ; une de ces roulottes mornes que les populations des villages septentrionaux accueillent bruyamment avec une stupeur émerveillée et l'attente du miracle, car elles viennent de très loin, de l'Orient, et sont pleines de magie...»

F.T. Marinetti

G. VERDI.

TÉMOIGNAGES ET DOCUMENTS

Pour aller plus loin
dans la connaissance de Verdi,
de ses opéras,
de sa vie.

Nabucco

A cause de son « tube » – le chœur des Hébreux réduits en esclavage – Nabucco *est devenu un titre parmi les plus populaires, même chez ceux qui ne connaissent pas Verdi. Mais* Nabucco *ne se réduit pas à ce chœur, c'est aussi une œuvre fondatrice du style de Verdi, qui eut de plus l'avantage d'apparaître aux Italiens comme une image symbolique de leur condition d'occupés par les Autrichiens.*

Opéra en quatre parties
Livret de Temistocle Solera.

Musique de Giuseppe Verdi
Création : 9 mars 1842, Teatro alla Scala, Milan.

Personnages
Nabucco, *roi de Babylone, baryton*
Ismaële, *neveu de Sédécias, roi de Jérusalem, ténor*
Zaccaria, *grand prêtre des Juifs, basse*
Abigaïlle, *esclave, fille aînée présumée de Nabucco, soprano*
Fenena, *fille de Nabucco, soprano*
Le grand prêtre de Baal, basse
Abdallo, *vieil officier du roi de Babylone, ténor*
Anna, *sœur de Zaccaria, soprano*
Chœur : *soldats babyloniens, soldats juifs, lévites, mages, vierges juives, femmes babyloniennes, grands du royaume de Babylone, peuple.*

Dans la première partie, la scène a lieu à Jérusalem, dans les autres à Babylone.

Première partie : Jérusalem

Intérieur du temple de Salomon. Jérusalem est assaillie par Nabuchodonosor et ses troupes. Les Hébreux, les Lévites et les vierges implorent l'aide de Jéhovah pour que le temple soit épargné. Le grand prêtre Zaccaria arrive et exhorte le peuple au courage. Il a amené avec lui Fenena, la fille de Nabuchodonosor, qu'il garde en otage. Mais survient Ismaële, neveu du roi de Jérusalem, qui annonce que rien ne semble pouvoir arrêter Nabuchodonosor et ses guerriers. Zaccaria lui confie alors la garde de Fenena et entraîne le peuple hébreux pour défendre la ville et le temple.

Restés seuls, Fenena et Ismaële se redisent leur amour : ils se sont connus

Sherril Milnes, un des plus grands barytons verdiens américains, dans la production d'Henri Ronse et les décors de Beni Montresor, à l'Opéra de Paris en 1979.

à Babylone, quand Ismaële, s'y étant rendu comme ambassadeur, y avait été jeté en prison et n'avait dû de pouvoir s'évader qu'à l'aide de Fenena. A son tour, il compte bien libérer la jeune princesse et s'enfuir avec elle. Mais leur tête à tête est interrompu par l'irruption de quelques guerriers babyloniens à la tête desquels se trouve Abigaïlle, la fille de Nabuchodonosor, et donc la sœur de Fenena. Elle commence par menacer les deux amants de mort puis, avouant son amour au jeune prince, elle lui offre de le sauver, et avec lui tout le peuple hébreux, si Ismaële consent à l'aimer. Mais celui-ci refuse.

Les Hébreux, terrorisés par la puissance et la violence des envahisseurs, refluent en désordre et viennent à nouveau chercher refuge dans le Temple, poursuivis par Nabuchodonosor et ses troupes. Et le voici justement qui apparaît, à cheval, à l'entrée du Temple, le terrible roi de Babylone. Zaccaria se dresse alors devant lui et menace de tuer sa fille Fenena s'il ose profaner le lieu sacré. Nabuchodonosor feint un instant de céder au grand prêtre et descend de cheval, mais c'est pour aussitôt se moquer du Dieu des Hébreux et blasphémer dans le temple même. Zaccaria lève alors son poignard sur Fenena... mais, coup de théâtre, Ismaële se précipite, retient le bras du grand prêtre, et délivre la jeune fille qui court se réfugier dans les bras de son père. Nabuchodonosor, avec une joie féroce, peut alors laisser libre cours à sa fureur : il ordonne le saccage du temple et le massacre des Hébreux. Zaccaria maudit Ismaële qui a trahi ses frères.

Deuxième partie : L'impie

Dans les appartements du palais royal de Babylone. Abigaïlle est parvenue à s'emparer du document qui atteste sa véritable origine : en réalité, elle n'est pas la fille aînée de Nabuchodonosor mais fille d'esclave. Sans se laisser affliger par cette terrible révélation, elle n'en conçoit que plus de haine pour Fenena, et pour Nabuchodonosor à présent, qui l'a éloignée du champ de bataille et a confié la régence à Fenena précisement, sa «sœur» haïe.

Le grand prêtre de Baal fait irruption à cet instant, dans un état de grande agitation : il rapporte à Abigaïlle que Fenena est en train de libérer les Hébreux ! Abigaïlle voit dans cette décision une opportunité pour s'élever contre la régente et s'emparer du trône. D'autant que le grand prêtre de Baal s'offre à l'y aider : il a déjà fait courir le bruit que le roi Nabuchodonosor était mort au combat ; il ne reste plus à Abigaïlle qu'à se lever pour saisir le pouvoir.

Dans une salle du palais, Zaccaria, accompagné d'un Lévite qui porte les Tables de la Loi, élève une prière à Dieu et se dirige vers les appartements de Fenena dans le dessein de la convertir à la foi israélite.

Après son départ, les Lévites se rassemblent et s'en prennent à Ismaële qu'ils accusent de trahison. Mais Zaccaria revient bientôt et annonce qu'Ismaële n'a pas trahi puisqu'il a sauvé une juive : Fenena s'est convertie. Mais Abigaïlle fait irruption à cet instant avec ses partisans et réclame la couronne à sa «sœur». C'est alors qu'apparaît, fort à propos... Nabuchodonosor, qu'on avait prétendu mort ! C'est lui qui saisit la couronne en menaçant tout le monde, jusqu'aux dieux de Babylone, ordonnant à son peuple de n'adorer qu'un seul Dieu... lui ! Fenena apprend alors à son père qu'elle est devenue israélite. Au comble de la fureur, il ordonne à sa fille de se

Ruggero Raimondi, une des plus belles basses verdiennes actuelles, en grand prêtre Zaccaria, avec Viorica Cortez, la jeune Fenena, dans la même production de l'Opéra de Paris en 1979.

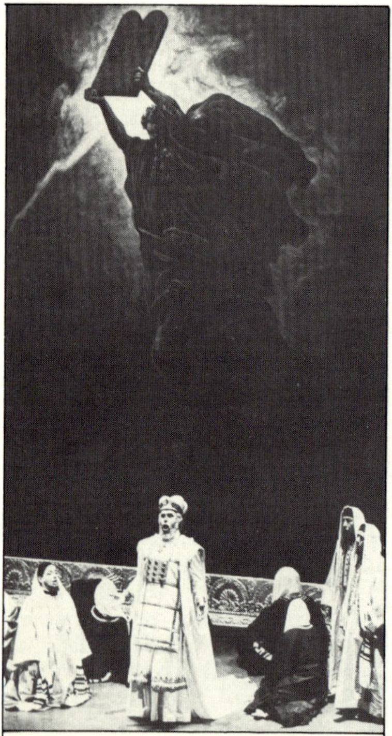

Sous les Tables de la Loi, reproduites dans un admirable décor de Pier-Luigi Pizzi, et dans une mise en scène de Ronconi, au Mai Musical de Florence en 1979, le grand prêtre Zaccaria exhorte les Hébreux à la résistance.

Le grand prêtre Zaccaria (Ruggero Raimondi) menaçant de tuer Fenena, la fille de Nabucco, (Viorica Cortez) si celle-ci ose profaner le Temple (production de l'Opéra de Paris, 1979).

prosterner et de le reconnaître comme dieu. Mais le tonnerre gronde, la foudre le frappe à la tête : aspiré par la folie, Nabuchodonosor voit sa couronne rouler à terre. Il délire. Abigaïlle se précipite et s'empare de la couronne.

Troisième partie : La prophétie

Dans les jardins suspendus de Babylone. Abigaïlle est à présent sur le trône, soutenue par les Grands de Babylone, la nomenklatura du régime. Le grand prêtre de Baal lui présente la sentence de mort pour tous les prisonniers hébreux et pour Fenena qui, convertie, les a rejoints. Elle feint d'hésiter quand apparaît Nabuchodonosor lui-même, l'esprit troublé. Abigaïlle demande à ses fidèles de se retirer et reste seule avec le roi fou. Elle lui demande alors de signer l'arrêt de mort.
Nabuchodonosor hésite ; Abigaïlle se moque de sa faiblesse et obtient ainsi sa signature. Mais le malheureux réalise soudain qu'il vient de condamner sa propre fille. Il veut se reprendre.
Trop tard. Abigaïlle triomphe.
Horrifié, il la traite d'esclave et veut lui révéler le honteux secret de sa naissance. Mais il cherche en vain le document attestant des origines d'Abigaïlle : celle-ci l'avait volé à temps et elle le détruit à présent devant les yeux impuissants du roi, épouvanté. Et pour parachever son entreprise, Abigaïlle fait arrêter Nabuchodonosor par ses gardes, insensible à ses supplications désespérées de père prêt à tout abandonner pour sauver la vie de sa fille Fenena.
Sur les rives de l'Euphrate. Les Hébreux, enchaînés, sont contraints au travail forcé. Leur pensée volant sur les ailes dorées de la nostalgie, ils évoquent la terre natale dans une triste complainte. Mais Zaccaria s'élève contre ce défaitisme et, dans une vision prophétique inspirée, il insuffle courage à son peuple en prédisant la chute et la destruction de Babylone.

Quatrième partie : L'idole brisée

Dans un appartement du palais. S'éveillant d'un cauchemar, Nabuchodonosor réclame son épée et son cheval pour partir à l'assaut de Sion. Il croit entendre des cris de guerre mais s'aperçoit soudain que c'est le cortège qui conduit sa fille à la mort. Secoué de désespoir, il implore le Dieu des Hébreux, jurant même de reconstruire le Temple détruit. Puis il se jette sur la porte, tentant de la forcer... C'est à cet instant qu'arrive, pour le délivrer, Abdallo, un vieil officier, accompagné de soldats fidèles au roi. Ils s'élancent tous pour aller sauver Fenena.
Dans les jardins suspendus. On amène Fenena et les Hébreux pour les exécuter. Zaccaria exhorte la jeune princesse à conquérir la palme du martyre. Celle-ci s'y prépare dans une dernière prière... quand Nabuchodonosor et sa suite font irruption et arrêtent le sacrifice. Nabuchodonosor ordonne même de détruire l'idole de Baal mais celle-ci se brise d'elle-même sous l'effet d'un prodige surnaturel. Nabuchodonosor libère alors les Hébreux, les invite à regagner leur patrie et à élever un nouveau Temple à la gloire de Jéhovah, seul vrai Dieu, qu'il invite tout son peuple à adorer.

Abigaïlle, soutenue par deux guerriers, arrive alors, exsangue : elle s'est empoisonnée et, reconnaissant ses crimes, elle implore le pardon de Dieu avant de mourir. Zaccaria prédit à Nabuchodonosor la gloire au service de Jéhovah.

Macbeth

Première rencontre de Verdi et de Shakespeare, son «poète préféré», Macbeth *est une œuvre pleine de bruit et de fureur, de désir et de violence, de solitude et de mort – de sorcières et de folie criminelle. C'est aussi un opéra qui marque un premier tournant stylistique dans l'écriture de Verdi, avec l'accentuation de la puissance dramatique au cœur même de la voix, violentée jusqu'à avouer la douleur.*

Mélodrame en quatre actes
Livret de Francesco Maria Piave
révisé pour le Théâtre lyrique de Paris.

Musique de Giuseppe Verdi
Création : 14 mars 1847, Teatro della Pergola, Florence.

Personnages
Duncan, *roi d'Écosse*
Macbeth, *général de l'armée du roi Duncan, baryton*
Banquo, *général de l'armée du roi Duncan, basse*
Lady Macbeth, *épouse de Macbeth, soprano*
Suivante de lady Macbeth, *mezzo-soprano*
Macduff, *noble écossais, seigneur de Fife, ténor*
Malcolm, *fils de Duncan, ténor*
Fléance, *fils de Banquo*
Un médecin, *basse*
Un serviteur de Macbeth, *basse*
Un assassin, *basse*
Un héraut, *basse*
Hécate, *déesse de la nuit.*

Sorcières, messagers du roi, nobles et proscrits écossais, assassins, soldats anglais, bardes, esprits de l'air, apparitions.

L'action se déroule en Écosse, et, le plus souvent, au château de Macbeth. Au début de l'acte IV, la scène est à la frontière de l'Écosse et de l'Angleterre.

Premier acte

Éclairs, tonnerre, vent qui mugit dans la nuit. C'est le décor idéal pour l'apparition des sorcières, qui dansent leur ronde sauvage en se vantant de leurs sinistres exploits. Arrivent Macbeth et Banquo, deux généraux du roi Duncan. Les sorcières saluent Macbeth en lui disant qu'aujourd'hui seigneur de Glamis, il sera bientôt

Maria Callas, lady Macbeth à la Scala en 1952, dans une mise en scène de Carl Ebert et des décors de Nicolas Benois, un disque pirate rappelle cette lady flamboyante et terrifiante qu'elle sut exprimer.

Renato Bruson, est le type même du baryton Verdi, à la voix de bronze et au grand sens dramatique ; on voit ici une vision saisissante de son Macbeth au Covent Garden de Londres (1981), dans une mise en scène d'Elijah Moshinsky.

seigneur de Cawdor et roi d'Écosse. Quant à Banquo, sans être roi, il engendrera une lignée de rois. Les deux hommes sont étonnés, mais ils n'ont pas le temps de se remettre qu'arrivent des messagers annonçant à Macbeth qu'il vient d'être fait seigneur de Cawdor : c'est la prophétie des sorcières qui commence à se réaliser. Macbeth songe alors à la dernière prophétie, le trône d'Écosse, et, très troublé, il s'éloigne avec Banquo en s'interrogeant avec lui sur cet oracle étrange. Les sorcières reparaissent et glapissent leur certitude de voir bientôt Macbeth revenir pour en savoir davantage.

Dans une salle du château. Lady Macbeth lit la lettre de son mari qui l'informe de la surprenante prédiction des sorcières. Mais elle sent que son ambition risque de se heurter à des scrupules et elle se promet de l'aider à forcer le destin (« *Ambizioso spirto* »). Justement, on annonce la visite du roi Duncan et de sa suite le soir même. Lady Macbeth convainc alors son mari, arrivé en éclaireur, de profiter de la circonstance pour agir. Pendant que le roi est conduit à ses appartements, Macbeth contemple avec horreur le poignard qui est devant lui ; mais au signal convenu, il pénètre dans la chambre du roi. Lady Macbeth tend l'oreille. Un cri étouffé. Macbeth revient, hagard, terrifié par son crime et, déjà secoué des spasmes du remords qui le torturent, il revit dans un délire halluciné la scène qui vient de le sceller à son destin. Mais Lady Macbeth, elle, conserve son sang-froid ; elle va cacher le poignard dans la chambre du roi assassiné, de telle sorte que les gardes soient soupçonnés du crime, et entreprend de calmer son mari. Des coups résonnent alors à la porte du château : ce sont Macduff et Banquo qui viennent, selon son désir, réveiller le roi. Mais ils ne trouvent que son cadavre. Horrifiés, tous en appellent à la justice divine.

Deuxième acte

Dans une salle du château. Lady Macbeth a rejoint son mari et lui reproche d'abord de l'éviter. N'a-t-il pas été proclamé roi d'Écosse ainsi que l'avaient prédit les sorcières ? Mais Macbeth est inquiet pour son trône, car il se souvient de l'autre prédiction des sorcières, à l'intention de Banquo. Il décide alors de tuer son ancien compagnon ainsi que son fils. Lady Macbeth, restée seule, exalte sa jouissance du pouvoir et sa volonté de faire disparaître quiconque s'opposerait à son ambition («*La luce langue*»).

Au fond du parc du château. Un groupe de tueurs attend Banquo et son fils. Celui-ci arrive, plein de sombres pressentiments, et presse son fils pour qu'ils s'arrachent au plus vite à ces sinistres ténèbres. Mais il tombe sous les coups des assassins, pendant que son fils parvient à s'échapper.

Dans la grande salle du château. On donne un banquet où Macbeth et Lady Macbeth sont acclamés comme nouveaux souverains d'Écosse. Tous lèvent leurs coupes en l'honneur de leurs hôtes. Mais Macbeth se lève bientôt pour aller écouter le rapport d'un des tueurs qui, sur le pas de la porte, vient rendre compte de sa mission. Macbeth revient alors vers la table en déplorant l'absence de Banquo et décide de s'asseoir à sa place. Mais à ce moment, il voit le spectre de sa victime, et se met à hurler son innocence au grand étonnement de l'assistance qui ne voit rien. Tandis que Lady Macbeth tente de calmer son mari, celui-ci, secoué de terreur, chasse le fantôme, et finit par reprendre contenance face à ses invités. Mais le spectre réapparaît et Macbeth ne parvient plus à contenir son effroi ni à dissimuler qu'il a du sang sur la conscience. Tous s'interrogent et Macduff, soupçonnant quelque chose, décide de s'expatrier. Macbeth décide de retourner voir les sorcières pour leur arracher le secret de son avenir.

Troisième acte

Dans l'antre des sorcières. Celles-ci dansent une ronde infernale autour de leur chaudron, y jetant les ingrédients divers de leur sinistre cuisine. Leurs incantations font surgir diables, sorcières et démons qui dansent autour du chaudron une folle sarabande. Arrive enfin Hécate, la déesse de la nuit, qui leur donne ses instructions sur la conduite à adopter avec Macbeth.

L'arrivée de Macbeth met fin au ballet infernal. Pour répondre à ses questions, les sorcières suscitent diverses apparitions qui lui enjoignent d'abord de se méfier de Macduff, qui lui apprennent qu'aucun être né d'une femme ne peut rien contre lui, qu'il sera invincible tant que la forêt de Birnam ne se mettra pas en marche, mais que la lignée de Banquo régnera bel et bien sur l'Écosse. A cette dernière prédiction Macbeth s'évanouit pendant que les sorcières disparaissent. Lady Macbeth arrive alors qu'il revient à lui : elle l'interroge sur les dires des sorcières et redonne à Macbeth la détermination nécessaire pour ne rien manquer de sacrifier à la préservation de son pouvoir.

Macbeth, jouet de lady Macbeth : mise en scène d'Antoine Vitez dans des décors de Yannis Kokkos à l'Opéra de Paris en 1984, avec Shirley Verrett et Renato Bruson.

Quatrième acte

Sur une lande déserte, en bordure de la forêt de Birnam. Une foule de réfugiés écossais se lamente sur le sort de leur patrie opprimée (« *Patria oppressa* »). Macduff, lui, pleure sa femme et ses enfants assassinés. Arrive Malcolm, le fils du roi Duncan, à la tête d'une armée anglaise : il demande à chacun de se camoufler derrière une branche arrachée à un des arbres de la forêt de Birnam. Puis il tente de consoler Macduff en lui promettant la vengeance.

Dans le château. Lady Macbeth, en proie à crises de somnambulisme, est veillée par le médecin et par sa suivante, qui la voient soudain paraître et se frotter les mains avec insistance, comme pour effacer une indélébile tache de sang, tout en proférant une sorte de délire halluciné qui terrifie le médecin et la suivante (« *Una macchia* »).

Dans une autre salle du château. Macbeth s'emporte contre ces « traitres » qui se sont coalisés contre lui (« *Perfidi* »). La nouvelle de la mort de la reine, son épouse, ne lui inspire qu'une réflexion désabusée : « La vie ? Quelle importance ? C'est une histoire racontée par un idiot, pleine de bruit et de fureur, et qui ne signifie rien ». Mais l'annonce par ses soldats que la forêt de Birnam s'est mise en marche l'émeut bien plus. Il endosse alors son armure et part au combat.

Dans la plaine. L'armée anglaise avance lentement, cachée derrière les branches qui la dissimule. Macduff donne alors l'ordre de charger. La bataille fait rage, brutale. Bientôt un corps à corps oppose Macduff à Macbeth qui, fort de la prophétie des sorcières, se croit invulnérable. Mais Macduff, dans le cours du combat, lui révèle qu'ayant été arraché des entrailles de sa mère par césarienne, il n'est pas vraiment « né d'une femme ». Macbeth se sent alors perdu et succombe sous le fer vengeur, pendant que les soldats et le peuple acclament Malcolm, le roi légitime.

Rigoletto

Rigoletto constitue le premier volet de ce qu'on a pris l'habitude d'appeler la « trilogie » de Verdi, qui comporte d'autre part le Trouvère *et* la Traviata. *C'est en effet le premier opéra véritablement « romantique » du compositeur, où la musique se plie à l'expression des sentiments et où Verdi, dépasse ses propres « formules » musicales pour atteindre à une intensité dramatique nouvelle.*

Opéra en trois actes,
livret de Francesco Maria Piave
d'après *le roi s'amuse,* de Victor Hugo.

Première représentation à la Fenice de Venise,
11 mars 1851.

Personnages

Le duc de Mantoue, *ténor*
Rigoletto, *son bouffon, un bossu, baryton*
Le comte Ceprano et le comte Monterone,
nobles, basse et baryton
Sparafucile, *un spadassin, basse*
Matteo Borsa, *un courtisan, ténor*
Le chevalier Marullo, *un courtisan, baryton*
La comtesse Ceprano, *mezzo-soprano*
Gilda, *fille de Rigoletto, soprano*
Giovanna, *sa duègne, mezzo-soprano*
Maddalena, *sœur de Sparafucile, contralto*
Courtisans, nobles, pages, serviteurs.

L'action se passe à Mantoue, au XVIe siècle.

Premier acte

Premier tableau : fin de bal travesti à la petite cour ducale de Mantoue.
L'orchestre joue dans les jardins tandis que quelques invités viennent s'égayer sur la terrasse.

Parmi eux, le jeune duc explique à son ami Borsa son espoir d'arriver à ses fins avec une belle inconnue qu'il observe quotidiennement à l'église depuis trois mois. Elle vit, recluse, dans une impasse lointaine où un homme mystérieux lui rend visite chaque soir.

Borsa attire son attention sur les « Beautés » présentes, parmi lesquelles le duc distingue la femme du comte Ceprano. Borsa s'étonne de sa légèreté, mais le duc lui répond en chantant une ballade *(Questa o quella per me pari sono)*

Enrico Caruso demeure aujourd'hui encore l'exemple même du « ténor italien ». Son brio, son talent, la clarté et le lyrisme de sa voix en ont fait une des plus grandes stars de l'opéra italien de ce début du siècle – dans Verdi, entre autres comme ici dans le rôle du duc de Mantoue.

désabusée et cynique sur l'inconstance de son cœur.

Quelques musiciens sont venus du jardin et attaquent un Menuet tandis que le comte Ceprano décide de partir, exaspéré par les galanteries de sa femme.

Le duc se fait alors pressant envers la comtesse et, l'empêchant de suivre son époux furieux, l'entraîne dans les jardins obscurs.

C'est alors qu'intervient Rigoletto, le bouffon de la cour, qui ridiculise cruellement le pauvre mari et suit le couple dans le jardin.

Le petit orchestre joue à ce moment une Périgourdine que danse une bohémienne, pauvre danseuse de rues, qu'on a fait venir pour la fête.

Venant d'un autre bal, arrive le chevalier Marullo, qui fait sensation en racontant à la petite compagnie sa dernière découverte : le bouffon, ce bossu, a bel et bien une maîtresse !

Justement, Rigoletto, revenant du jardin avec le duc satisfait, lui suggère de faire arrêter Ceprano, ou même de le faire décapiter, pour se débarrasser de ce mari importun.

Tandis que le comte crie vengeance et donne à ses amis rendez-vous chez lui, armés, pour le lendemain soir, le duc invite tout le monde à boire et à s'amuser : *(Tutto è gioia, tutto è festa)* «N'est-ce pas ici le Royaume du Plaisir !»

Intervient alors un terrible trouble-fête, le comte de Monterone, dont la fille a été déshonorée par le duc. Celui-ci refuse lâchement de lui parler, et c'est Rigoletto qui l'affronte avec une cruelle ironie. Monterone, blessé dans son honneur de père, menace de clamer partout l'infamie du duc qui, exaspéré, le fait arrêter tandis que le bouffon le traite de fou !

Alors Monterone jette une solennelle malédiction sur Rigoletto qui reste seul, horrifié.

Deuxième tableau : le lendemain soir, au crépuscule. Rigoletto, obsédé par la malédiction du vieux Monterone, rentre chez lui en longeant le palais de Ceprano, lorsqu'un personnage inquiétant surgit devant lui : c'est Sparafucile, tueur à gages, qui semble au courant de la vie secrète de Rigoletto et lui offre ses services. Il tue aux portes de la ville, où sa sœur, danseuse de rues, attire les victimes...

Rigoletto prend bonne note de ses propositions mais, resté seul, retrouve la lancinante obsession de la malédiction et laisse éclater sa rage d'humilié, sa haine envers celui qui est si jeune, si joyeux, si puissant et si beau.

Heureusement là, chez lui, il devient un autre homme, en retrouvant chaque soir sa fille Gilda, vivante image de celle qui autrefois l'a aimé par compassion et maintenant son seul bien sur terre : «Religion, famille, patrie, tout mon univers est en toi».

Obsédé par la crainte de la perdre, il recommande à sa gardienne Giovanna de bien veiller à ce qu'elle ne sorte jamais, sauf éventuellement pour aller à l'église : *(Ah ! vegglia o donna* – Veille, ô femme, cette fleur que je t'ai confiée pure).

Ce qui n'empêche pas ladite Giovanna de faire entrer le duc dès que Rigoletto a le dos tourné.

Déguisé en étudiant pauvre, le duc n'a pas de mal à séduire la palpitante Gilda qui voit se réaliser les songes virginaux que lui avait inspirés la présence du beau jeune homme à l'église.

Mais les bruits dans la rue font fuir le duc et Gilda s'abandonne à une douce rêverie amoureuse : *(Caro nome che il mio cor).*

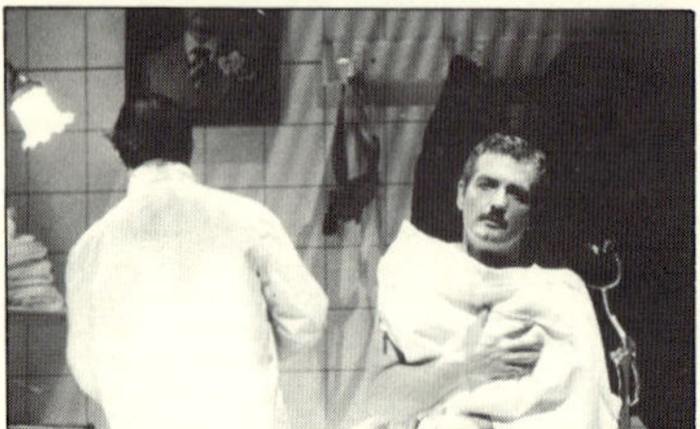

A la fois grand succès public et grand scandale chez les puristes, le *Rigoletto* réalisé en 1982 à l'Opéra de Bâle par le metteur en scène français Jean-Claude Auvray transportait l'action de la Cour de Mantoue jusque dans le port de New York, en 1930. C'est l'univers des *Incorruptibles*.

Ghyslaine Raphanel, un des meilleurs espoirs de la nouvelle génération des chanteurs français, y incarnait une Gilda perdue dans ce monde cruel, aux côtés du baryton arménien Edouard Tumagian, en Rigoletto.

De nombreuses scènes étaient cadrées comme des plans de cinéma – tel ce duo entre Rigoletto et le duc (Paul Frey).

Pendant ce temps, la rue s'est remplie des amis de Ceprano qui viennent enlever celle qu'ils croient être la maîtresse de Rigoletto... Celui-ci étant revenu sur ses pas, ils lui font croire que c'est la Ceprano qu'il s'agit d'enlever, et le couvrant d'un masque aveugle, lui font tenir l'échelle.

Tandis qu'ils chantent *(Zitti, zitti, moviamo a vendetta)*, certains d'entre eux enlèvent Gilda et Rigoletto resté seul n'a plus qu'à constater le premier effet de *la maledizione*.

Deuxième acte

Le lendemain matin, sur la terrasse du palais. Le duc, qui connaît l'enlèvement de Gilda, s'interroge sur l'identité de ses ravisseurs et se laisse aller à un attendrissement sur le sort de la jeune fille *(Parmi veder le lagrime)*.

Surviennent joyeusement les courtisans, qui lui font le récit de l'enlèvement nocturne et lui apprennent la présence de Gilda dans ses appartements... où il se précipite avec ardeur *(Possente amor mi chiama)*.

Arrive Rigoletto, rôdant et flairant le moindre objet, se doutant que sa fille n'est pas loin... L'intervention d'une dame de la duchesse transforme le doute en certitude ; alors Rigoletto, se précipitant avec fureur vers la maison, invective d'abord rageusement les courtisans qui lui barrent le passage *(Cortigiani, vil razza dannata)* et se résout ensuite à une pathétique imploration.

Gilda survient alors, désemparée, et lui avoue sa honte. Après avoir chassé les courtisans, Rigoletto, accablé, écoute tristement la confession de la jeune fille.

Le passage de Monterone, que l'on change de prison, le détermine brusquement à crier vengeance, malgré les supplications de Gilda.

Troisième acte

Nuit d'orage. Rigoletto conduit Gilda jusqu'au bouge de Sparafucile, sur les bords du Mincio, pour lui prouver l'infamie du duc. Celui-ci arrive en effet, déguisé en officier, et Gilda peut l'entendre exprimer son mépris de la femme dans une *canzone* désinvolte : *La donna e mobile.*

S'approchant ensuite de la porte fissurée, Gilda peut le voir courtiser Maddalena, la sœur de Sparafucile, d'une manière très poussée. Et c'est le célèbre quator où se tressent les protestations enflammées du duc *(Bella figlia dell'amore)*, les éclats de rire de la bohémienne *(Ah, ah, rido ben di core)*, les plaintes angoissées de Gilda *(Ah, cosi parlar d'amore)* et les sombres paroles de vengeance de Rigoletto *(Taci, il pianger non vale)*.

Rigoletto ordonne ensuite à Gilda de l'attendre à Vérone, et conclut le meurtre du duc avec Sparafucile. Il exige de celui-ci la livraison du corps pour le jeter lui-même dans le fleuve.

Alors que l'orage éclate, Maddalena, troublée, tente de persuader son frère d'épargner le duc et de tuer à sa place le premier passant qui se présentera ; justement, Gilda est revenue, attirée irrésistiblement par ce lieu et décide de se sacrifier pour sauver le duc. Elle entre, se fait tuer, et c'est donc le corps de Gilda que Sparafucile livre dans un sac à Rigoletto, exultant de joie.

Mais tandis qu'il traîne le sac vers le fleuve, il entend soudain la diabolique *canzone* de son ennemi.

Le cauchemar est complet pour Rigoletto quand il découvre dans le sac la présence de sa fille. Elle a encore la force de lui demander pardon et meurt dans ses bras, le laissant totalement seul, écrasé par la malédiction.

Le Trouvère

L'œuvre est secouée par un élan épique, par des emportements et une tension qui en font un opéra particulièrement coloré, dont la popularité n'a jamais faibli. Le livret compliqué et mélodramatique à souhait a inspiré à Verdi l'une de ses partitions les plus flamboyantes.

Opéra en quatre parties
Livret de Salvatore Cammarano
complété après sa mort par
Leone Emanuele Bardare
basé sur la pièce espagnole *El Trovador*
d'Antonio Garcia Gutiérrez.

Musique de Giuseppe Verdi
Création : 17 janvier 1853,
Théâtre Apollo, Rome.

Personnages
Leonora, *dame d'honneur de la princesse d'Aragon, soprano*
Inès, *sa confidente, soprano*
Azucena, *gitane, mezzo-soprano*
Le comte de Luna, *jeune noble d'Aragon, baryton*
Ferrando, *le capitaine de sa garde, basse*
Manrico, *le frère du comte, ténor*
Ruiz, *le capitaine de Manrico, ténor*
Un vieux gitan, baryton
Des dames de la cour, des hommes du comte de Luna, des soldats, des religieuses, des gitans, un messager, un geôlier.

L'action se passe en Gascogne et en Aragon au XVᵉ siècle.

Premier acte

Le duel. Dans le hall du palais d'Aliaferia, Fernando et ses camarades attendent l'arrivée de leur seigneur, le comte de Luna. Celui-ci aime Leonora, mais depuis que, la nuit, un trouvère étranger chante sous le balcon de celle-ci, le comte, torturé par la jalousie, ne trouve plus le repos. Pour empêcher les gardes de s'endormir, Ferrando leur raconte les terribles événements qui ont eu lieu au château des années auparavant. Le vieux comte de Luna avait deux fils. Un matin, on trouva près du lit du plus jeune une vieille gitane qui ensorcela le petit garçon. Elle réussit à s'enfuir, mais

Gordon Greer (Manrico, le Trouvère) et Teresa Zylis-Gara (Leonora) au Festival d'Orange 1981, dans la mise en scène de Gian Carlo del Monaco.

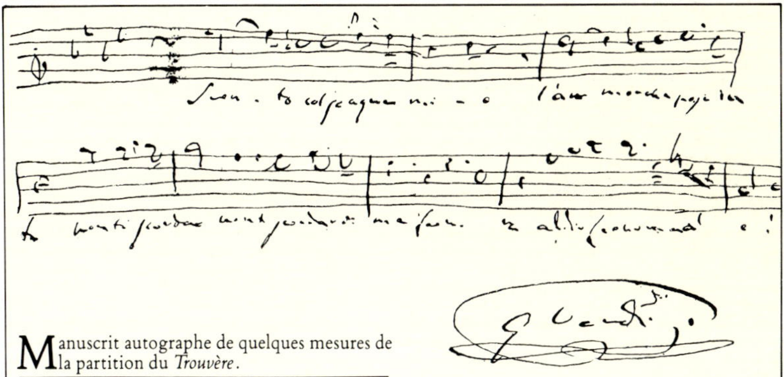

Manuscrit autographe de quelques mesures de la partition du *Trouvère*.

l'enfant fut pris d'une fièvre lente et s'affaiblit de jour en jour. La vieille gitane fut prise et condamnée au bûcher. La fille de celle-ci, pour se venger, enleva l'enfant, dont on retrouva les restes à demi calcinés dans les cendres du bûcher. La femme ne fut jamais revue. Le vieux comte qui mourut peu de temps après était pourtant convaincu que son fils était encore en vie.

Dans les jardins du palais, noyés dans la nuit, Leonora craint que son bien-aimé ne revienne plus. Elle raconte leur première rencontre à sa confidente Inès. C'était à un tournoi et personne ne connaissait l'étranger qui vainquit son adversaire. Elle-même posa la couronne sur sa tête. il devait partir pour la guerre et elle ne le revit pas. Mais il continuait à vivre dans ses rêves. Une nuit, une voix se fit entendre sous son balcon, accompagnée par des accords de luth. Le chant s'adressait à elle. S'étant précipitée à la fenêtre, elle reconnut le bien-aimé. Inès met en garde Leonora contre cet amour, mais Leonora est décidée à mourir pour son amoureux si elle ne peut pas vivre pour lui. Le désir pousse le comte de Luna vers les appartements de Leonora et, à la faveur de la nuit, il veut y pénétrer, quand il entend brusquement le chant d'amour du Trouvère. Leonora se précipite vers le comte et lui avoue son amour. Se rendant compte de son erreur, elle se jette aux pieds de Manrico et lui déclare ses sentiments. En tant qu'ennemi du roi, Manrico est un condamné à mort et se trouve là en grand danger. Il somme Luna d'appeler les gardes et de le livrer au bourreau. Mais le comte, fou de jalousie, veut tuer lui-même son rival. Leonora essaie de vain de les retenir.

Deuxième acte

La gitane. Dans leur campement sur une montagne, en Biscaye, les gitans chantent joyeusement. Azucena les interrompt alors par une évocation lugubre où se mêlent la vision d'un bûcher ardent et le souvenir d'un hurlement de mort. Après le départ des gitans qui vont gagner leur pain quotidien au village voisin, Manrico, qui se tenait à l'écart, demande à Azucena les raisons de son chagrin. Elle lui raconte alors la mort de sa mère, comment elle a été brûlée en tant que sorcière sur l'ordre du vieux comte de Luna. Elle, Azucena, la suivait, son enfant dans les bras. Les dernières paroles de la mère demandaient vengeance. Or, Azucena avait réussi à enlever le petit garçon du comte. En voyant sa mère souffrir des affres de la mort, elle

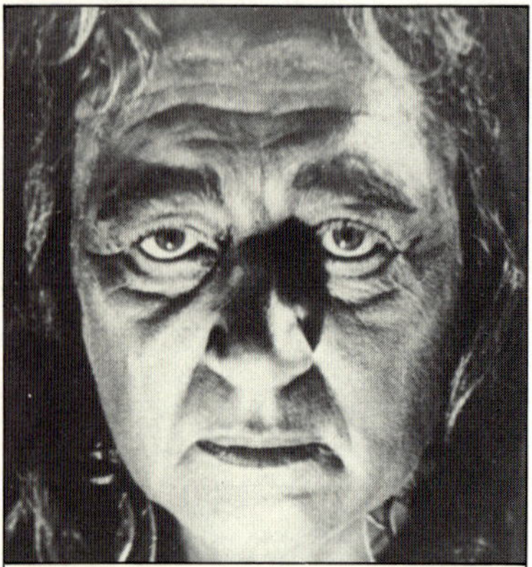

En Azucena, la sorcière gitane, le sombre et impressionnant visage de Margarete Klose, une des grandes mezzos wagnériennes du milieu du siècle, venue apporter à Verdi les couleurs sombres et la raucité fantastique de sa voix.

s'empara, folle de désespoir, de l'enfant qui était près d'elle et le jeta dans les flammes. C'est alors qu'elle vit avec horreur l'enfant du comte à ses côtés : elle avait jeté son propre enfant dans les flammes ! Manrico l'interroge alors pour savoir de qui il est le fils, mais Azucena répond évasivement, lui demandant si elle n'a pas toujours été une bonne mère pour lui. Elle lui rappelle comment, après la bataille de Pelilla, elle l'avait cherché, le croyant mort, pour l'enterrer ; comment elle avait soigné et guéri ses blessures. Manrico se souvient avec orgueil de ce jour de bataille où il avait tenu tête tout seul à l'ennemi. Luna et ses troupes lui étaient tombés dessus. Manrico avait été gravement blessé. Azucena n'arrive pas à comprendre pourquoi il n'avait pas tué le comte de Luna alors qu'il était vainqueur lors du duel nocturne dans les jardins royaux. Manrico ne peut pas l'expliquer autrement que par une intervention surnaturelle. Un courrier apporte alors un message : on ordonne à Manrico d'assurer la défense de la forteresse de Castellor. Le message annonce aussi que Leonora, le croyant mort, va entrer au couvent le soir même. Manrico quitte sa mère alors que celle-ci le supplie en vain de rester auprès d'elle.

Le comte de Luna a décidé d'enlever Leonora dans le hall du couvent. Inès pleure en prenant congé de son amie, mais Leonora la console ; pour elle, il n'y a plus ni bonheur, ni espoir sur cette terre. La mort seule pourra la réunir à celui qu'elle a perdu. Les religieuses s'avancent ; le comte de Luna sort alors de l'ombre et veut empêcher Leonora de poursuivre ; Manrico fait alors irruption et s'interpose. Leonora peut à peine croire au bonheur de revoir son bien-aimé. Le comte et Manrico s'opposent brièvement, mais le Trouvère est mieux entouré. Il parvient à s'enfuir avec Leonora.

Troisième acte

Le fils de la gitane. Luna campe avec ses soldats à proximité de Castellor, où Leonora et Manrico se sont réfugiés. La forteresse doit être prise d'assaut lors de la prochaine attaque. Ferrando encourage les soldats, auxquels il promet victoire et gloire. Luna, de son côté, ne peut pas supporter l'idée de savoir Leonora avec Manrico. A l'aube, il va la lui reprendre. Ferrando vient annoncer qu'une gitane traîne autour du camp. On l'arrête en tant qu'espionne et elle est amenée, les mains liées.

Luna lui demande d'où elle vient. Azucena raconte qu'elle arrive des montagnes de Biscaye et qu'elle cherche son fils qui l'a abandonnée. Elle nie savoir quelque chose des événements tragiques qui s'étaient passés jadis chez les Luna, mais Ferrando l'a reconnue. Son destin est scellé. Dans son désespoir, elle appelle Manrico au secours. Quand Luna apprend ainsi qu'il ne tient pas seulement

Fiorenza Cossotto, une des grandes Azucena de notre époque, à l'Opéra de Paris en 1973, dans une production de Tito Capobianco.

la femme qui avait assassiné son frère, mais ausi la mère de son ennemi mortel, son triomphe cruel ne connaît plus de bornes. A travers la mort des deux, son frère sera vengé.

Castellor est encerclé par les ennemis. Leur bruit parvient jusqu'à Manrico et Leonora. Manrico encourage la jeune femme : l'amour rendra son âme forte comme elle rendra son bras puissant. Si le destin lui réserve la mort, sa dernière pensée sera pour Leonora. L'ami de Manrico, Ruiz, annonce que la gitane a été faite prisonnière et que l'on prépare le bûcher. Maniro a la vision des flammés qui crépitent déjà, et même la vue des souffrances de Leonora ne peut le retenir. Il doit sauver sa mère ou périr avec elle.

Quatrième acte

Le supplice. Manrico a été fait prisonnier et il est enfermé avec Azucena. Leonora est décidée à le libérer. Il ne se doute même pas combien elle est proche. Là, au pied de la tour, cachée par la nuit. Le *Miserere* résonne dans la chapelle ; et Leonora entend la voix de Manrico qui, de sa prison, lui adresse ses dernières pensées... Luna arrive, alors qu'il cherchait précisément Leonora. Elle le supplie d'être clément, et lui offre sa propre vie en échange de celle de Manrico. Mais elle n'obtient le rachat de la vie de son amant qu'en promettant de se donner à Luna. Leonora accepte le marché... puis absorbe du poison afin qu'il ne la possède pas vivante. Elle est heureuse alors à l'idée que Manrico sera sauvé grâce à son sacrifice.

Dans sa cellule, Azucena n'arrive pas à trouver le sommeil. La peur du bûcher lui trouble l'esprit. Manrico essaie de la tranquilliser. Azucena rêve du retour dans ses montagnes, dans la paix de sa prairie. Leonora entre. Elle supplie Manrico de s'enfuir, mais ne peut, dit-elle, le suivre. Manrico croit alors qu'elle l'a trahi ; il ne veut pas écouter ses protestations d'amour et finit par la maudire. Mais le poison fait son effet, Manrico se rend compte de ce qu'elle a fait pour lui ; c'est trop tard, elle meurt dans ses bras. Luna qui arrive alors comprend que Leonora l'a trompé : il fait traîner Manrico à l'échafaud. Azucena se redresse alors et, dans un cri, apprend au comte, horrifié, que Manrico était son frère. La mère d'Azucena est vengée.

La Traviata

L'une des œuvres les plus populaires de Verdi et peut-être de tout le théâtre lyrique. A cause d'abord de son livret, vrai mélo (tiré d'une pièce d'Alexandre Dumas). A cause aussi d'une musique simple et efficace, théâtrale au meilleur sens du terme. A cause enfin du thème de la rédemption par l'amour.

Opéra en trois actes, livret de Francesco Maria Piave, musique de Giuseppe Verdi.

Première représentation à Venise, Théâtre de la Fenice, le 6 mars 1853.

Personnages
Violetta Valéry, *soprano*
Flora Bervoix, *mezzo-soprano*
Annina, *soprano*
Alfredo Germont, *ténor*
Giorgio Germont, *son père, baryton*
Gaston, *vicomte de Letorières, ténor*
Le baron Douphol, *baryton*
Le marquis d'Orbigny, *basse*
Le docteur Grenvil, *basse*
Giuseppe, *domestique de Violetta, ténor*
Un domestique de Flora, *basse*
Un commissionnaire, *basse*
Chœur : *Hommes et femmes, amis de Violetta et Flora ; matadors, picadors, gitanes, domestiques de Violetta et Flora, travestis, etc.*

Scène : Paris et ses environs vers 1850.

Le premier acte a lieu en août, le second en janvier, le troisième en février.

Premier acte

Un grand salon richement décoré dans la maison de Violetta. Une fête y est donnée et les invités se pressent joyeusement, saluent Violetta qui les accueille, s'empressent autour d'elle. Un habitué du salon, Gastone, présente alors à Violetta un jeune homme de ses amis, Alfredo Germont, dont il lui révèle qu'il ne pense qu'à elle, ce que la jeune femme affecte de prendre à la légère. La conversation se poursuit autour de la

Maria Callas en Violetta au Covent Garden de Londres, en 1958.

table:Gastone propose un toast, que porte Alfredo en hommage, bien sûr, à Violetta et à l'amour. Celle-ci répond à son tour par un hymne au plaisir que tous reprennent gaiement.

Mais alors que les invités se dirigent vers le salon voisin pour danser, Violetta est prise d'un malaise. Alfredo reste avec elle et en profite pour dire son amour avec tout le feu de la passion qui l'embrase. Mais Violetta le met en garde contre elle-même, et le congédie en lui donnant une fleur, un camélia bien sûr, qu'elle enlève de son corsage, pour qu'il la lui rapporte «quand elle sera fanée», demain donc.

Restée seule, Violetta est songeuse et s'avoue qu'elle est touchée par cet amour qu'Alfredo lui offre, qu'au fond d'elle-même elle reconnaît bien pour le seul qui pourrait peut-être lui donner le frémissement du bonheur. Mais elle ne peut pas s'abandonner à ce rêve, ne peut que s'adonner aux plaisirs, en restant libre d'elle-même. La voix d'Alfredo au dehors lui ouvre encore un instant cette fenêtre sur un autre monde... comme si ce désir-là l'attirait irrésistiblement.

Deuxième acte

Un salon au rez-de-chaussée d'une maison de campagne près de Paris. Alfredo, seul, évoque le bonheur où il baigne depuis ces trois mois que Violetta a renoncé à son ancienne vie pour lui. Mais voici Annina, la femme de chambre, qui revient de Paris et qui fait découvrir à Alfredo que Violetta, pour couvrir les dépenses de leur vie à la campagne, fait vendre peu à peu tous ses biens. Alfredo décide de partir sur-le-champ pour Paris afin de remédier à cette situation.

A peine est-il parti qu'arrive Violetta qui s'amuse de lire une invitation de son ancienne amie Flora à une fête qu'elle donne ce soir. Mais Violetta a tiré un trait sur cette vie. Un visiteur est alors annoncé. Violetta le fait entrer, il se présente : c'est le père d'Alfredo. Georges Germont vient lui demander rien de moins que de renoncer à son amant. Pour toujours. Afin de mettre un terme au scandale qui jette l'opprobe sur Alfredo, sur leur famille et qui empêche la sœur d'Alfredo de se marier avec le jeune homme qu'elle aime. Violetta, déchirée de douleur, essaie de lutter avec les armes fragiles de l'amour contre la pesante logique de l'Ordre et de la Respectabilité. Mais c'est aussi une grande âme, une âme prête au don total : elle se résigne se sacrifier en pensant à Alfredo, par amour, sachant pourtant qu'elle en mourra.

Il ne lui reste plus qu'à écrire deux lettres, une première qui lui fait renouer le fil de son ancienne vie délétère, une seconde, à Alfredo. Il arrive justement au moment même où elle la cachète, se trouble alors, mais refuse de la lui donner tout de suite, ne voulant pour l'instant que lui répéter son amour jusqu'aux larmes et entendre Alfredo lui redire le sien. Puis, prétextant l'arrivée du père d'Alfredo, elle le laisse seul pour ne pas, dit-elle, assister à leur entretien. Alfredo reste seul un moment, savourant encore l'illusion de son bonheur.

On sonne à la porte : c'est une lettre de Violetta pour lui. Alfredo l'ouvre en tremblant, commence à lire, et pousse un cri de désespoir en comprenant. Il se retourne alors, hagard : son père est là, qui tente de le consoler en évoquant son enfance, mais Alfredo n'écoute même pas, tout à sa douleur à vif. Soudain ses yeux tombent sur la lettre de Flora : il sait où retrouver dès ce soir sa maîtresse qui l'a abandonné. Le désir de vengeance vient souffler sur son désespoir.

Une galerie richement meublée dans l'hôtel particulier de Flora. Les invités arrivent et

Sylvia Sass, une Violetta de braise, dans la mise en scène de Jorge Lavelli au Festival d'Aix-en-Provence, en 1976.

Katia Ricciarelli, dans la mise en scène de Jean-Marie Simon au Grand-Théâtre de Genève, en 1982.

Cecilia Gasdia, un des jeunes espoirs de l'opéra italien, dans la scène finale de la production de Franco Zeffirelli, adaptée de son film, à l'Opéra de Paris, en 1986.

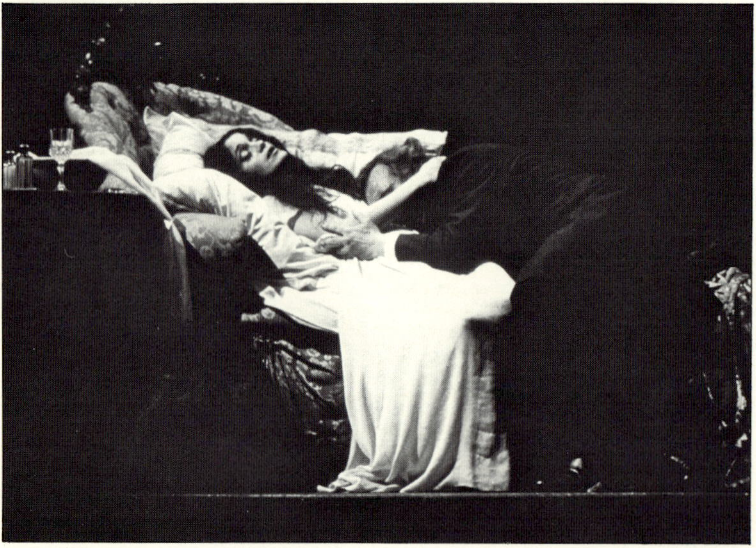

commentent la nouvelle qui a déjà fait le tour de ce petit grand monde : Violetta et Alfredo sont séparés. Mais Gastone et quelques amis, déguisés en matadors et picadors espagnols, suspendent les conversations en s'amusant à improviser un petit divertissement dansé au milieu des convives. La fête est brillante... mais soudain, à la stupéfaction générale, Alfredo apparaît, apparemment désinvolte ; et retrouvant ses anciens amis, il s'assied à la table de jeu.

Arrive alors Violetta, au bras du baron Douphol, qui aperçoit aussitôt Alfredo, son rival. Celui-ci pourtant affecte d'abord de ne rien voir et continue à jouer, et à gagner : «Malheureux en amour, heureux au jeu» lance-t-il, avant de faire des allusions compromettantes pour Violetta et pour le baron. Celui-ci lance alors à Alfredo un défi au jeu – et perd. La tension monte. Le dîner est servi au moment opportun.

Mais alors que tous sont à la salle à manger, Violetta a fait appeler Alfredo pour le mettre en garde contre le baron. Mais lui, durci par une haine aussi brûlante que son amour dont elle est l'envers, ne veut pas l'écouter, la moque avec mépris et finalement ameute tous les invités pour, insultant Violetta face à eux, lui jeter au visage l'argent qu'il a gagné. La malheureuse s'évanouit sous l'affront pendant que tous les invités, atterrés, stigmatisent la conduite d'Alfredo, dont le père arrivé à ce moment fait entendre le même couroux, la même indignation. Alfredo est effondré. Deux âmes faites pour l'éclat du bonheur se retrouvent ruinées, lacérées.

Troisième acte

La chambre à coucher de Violetta, faiblement éclairée. La malheureuse Violetta, d'une voix épuisée, demande à Annina un peu d'eau, et la prie d'ouvrir les volets pour laisser entrer la lumière. Le docteur Grenvil arrive alors, lui prend le pouls, et essaie de plaisanter avec elle en lui parlant de sa guérison prochaine. Mais en partant il avoue à Annina que sa maîtresse n'en a plus que pour quelques heures.

Violetta, seule, relit ensuite une lettre de Germont où il lui dit avoir révélé à Alfredo le sacrifice qu'elle a fait pour lui, et lui annonce que ce dernier va venir la retrouver pour chercher son pardon. Mais Violetta sait qu'il devra faire vite pour l'atteindre vivante.

Au dehors, les masques du Canarval font entendre leurs chants joyeux, comme appartenant à un autre monde. Et soudain le miracle est là : Alfredo qui se précipite vers elle, qui tombe à ses pieds, secoué d'émotion et d'amour. Les deux amants se regardent et se touchent et s'embrassent encore ; un instant ils font comme si l'avenir était à nouveau possible, Violetta se lève pour sortir avec Alfredo. Mais la cruelle réalité de son corps défaillant lui rappelle le réel, lui rappelle son destin qui se hâte. Elle veut vivre pourtant comme elle ne l'a peut-être jamais tant désiré, mais elle sent pourtant la mort monter en elle. Le docteur arrive, avec Germont qui vient implorer de Violetta le pardon, comprenant quel gâchis il a fait en saccageant ces deux cœurs. Violetta sent alors la vague qui l'étouffe ; elle adjure Alfredo de ne pas l'oublier, mais d'épouser, si elle se présente, une femme digne de lui.

Mais son souffle devient court, ses poumons se déchirent, la toux la ravage. Et soudain, comme dans un suspens du destin, les spasmes de son mal cessent, elle se redresse, elle se reprend à vivre croit-elle un instant, transfigurée déjà. Et retombe. Morte.

Un bal masqué

Verdi fait faire à l'opéra romantique italien un nouveau pas hors de ses codes et de ses conventions, ne reculant pas devant le mélange des genres, confrontant le tragique au léger ou encore au fantastique pour atteindre à une vérité dramatique nouvelle. Un bal masqué *déploie une musique d'une rare inventivité qui en fait un des grands opéras du compositeur.*

Mélodrame en trois actes, livret d'Antonio Somma (inspiré de *Gustave III* ou *le Bal masqué* d'Eugène Scribe).
Musique de Giuseppe Verdi.

Première représentation à Rome, Théâtre Apollo, le 17 février 1859.

Personnages
Riccardo, *comte de Warwick, gouverneur de Boston, ténor*
Renato, *créole, son secrétaire, mari d'Amelia , baryton*
Capitaine Anckarström, *baryton*
Amelia, *soprano*
Ulrica, *devineresse de race noire*
Arvedson, *contralto*
Oscar, *un page, soprano*
Samuel, *comte Ribbing*
Tom, *comte Horn, les ennemis du comte, basses*
Silvano, *marin*
Christian, *basse*
Un juge, *ténor*
Un serviteur *d'Amelia, ténor*
Chœur : *Députés, officiers, marins, gardes, hommes, femmes et enfants du peuple, gentilshommes, complices de Samuel et Tom, serviteurs, masques et couples de danseurs.*

L'action se déroule à Boston, et dans les environs, à la fin du XVIIe siècle.

Premier acte

L'œuvre se déroule à Boston, au XVIIe siècle. Dans la salle des audiences du palais du gouverneur sont rassemblés dignitaires, officiers et gentilhommes. Riccardo de Warwick, le gouverneur, paraît, précédé de son page Oscar, et salue l'assistance. Le page soumet au gouvernement la liste des invités au bal masqué qui doit avoir lieu le lendemain. Y voyant le nom d'Amelia, dont il est amoureux, Riccardo se réjouit à part lui en un bref soliloque.

Hélas Amelia est la femme de son conseiller et ami Renato. Précisément celui-ci s'approche, inquiet du trouble

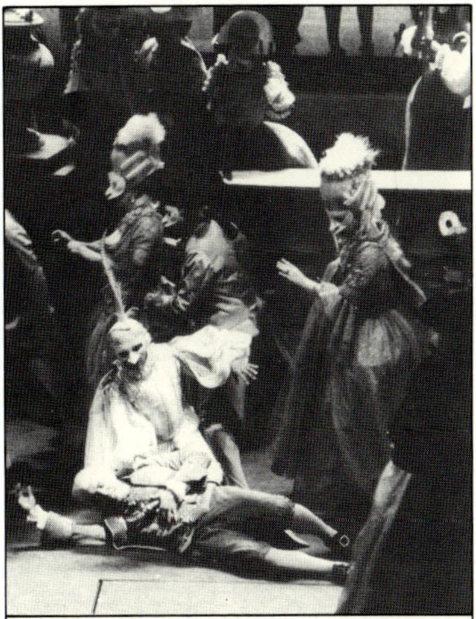

Georgine Resick (Oscar) et Giacomo Aragall (Riccardo) dans la scène finale ; production de Michael Hampe et Ezio Frigerio (Opéra de Cologne, 1980).

qu'il lit sur le visage de Riccardo. Mais il croit en deviner la cause : c'est le complot qui se trame contre le gouverneur et que lui, Renato, a éventé : alarmé, il presse Riccardo d'agir pour démasquer les coupables. Mais celui-ci passe outre aux adjurations de son ami. Entre alors un juge qui porte au gouverneur un décret à signer ordonnant le bannissement d'une sorcière noire, Ulrica. Oscar prend la défense de la diseuse de bonne aventure, vantant ses pouvoirs de devineresse. Riccardo décide, malgré l'avis de Renato, d'aller se rendre compte lui-même, incognito, des activités de cette Ulrica, et il convie ses amis à l'accompagner.

Déguisé en pêcheur, Riccardo est arrivé à la cabane de la sorcière. Celle-ci est en train d'invoquer Lucifer devant une foule assez nombreuse, Riccardo s'approche et voit Silvano, un marin, se faire prédire l'avenir. Ulrica lui annonce «de l'or et un grade». Riccardo, aidant le Destin, glisse alors subrepticement dans la poche du marin un brevet d'officier qu'il vient d'établir. Emerveillement du marin qui le découvre : chacun loue la prophétesse.

Mais voici qu'un serviteur entre et prend à part Ulrica, demandant une audience pour sa maîtresse. Ulrica fait sortir tout le monde – mais Riccardo, ayant reconnu le domestique d'Amelia, se dissimule pour surprendre l'entretien. Entre Amelia, très agitée : elle supplie la sorcière de la délivrer d'une passion coupable et sans espoir. Ulrica lui enjoint alors pour ce faire d'aller cette nuit même cueillir l'herbe qui pousse au pied du gibet. Amelia promet de s'y rendre – et Riccardo, toujours dissimulé, se promet, lui, de l'y rejoindre. Amelia disparaît alors et la foule revient avec toute la suite de Riccardo, parmi lesquels Oscar mais aussi Samuel et Tom, des opposants au gouverneur.

Celui-ci tend alors avec ironie sa main à Ulrica, qui refuse d'abord de dire ce qu'elle y lit, puis finalement, prédit à Riccardo qu'il mourra bientôt, «par la main d'un ami», et précisément le premier qui aujourd'hui lui serrera la main. Riccardo s'amuse de la prophétie et tend sa main à la ronde – que personne ne veut saisir. Arrive à ce moment Renato qui serre la main de son ami. Chacun est alors convaincu de la fausseté de la prédiction. Riccardo annule alors le décret de bannissement d'Ulrica et, malgré les avertissements de cette dernière, laisse éclater sa joie de vivre au milieu du peuple qui l'a reconnu et l'acclame.

Deuxième acte

Au milieu d'une lande lugubre, sous une lumière sinistre, se dresse le gibet. Transie de peur Amelia s'y avance et cherche la plante magique, tourmentée de sentiments contradictoires. Riccardo paraît soudain devant elle et lui affirme passionnément son amour. Malgré son désir d'y résister, Amelia ne peut lutter contre elle-même et rejoint Riccardo dans un duo éperdu – interrompu par l'arrivée inopinée de... Renato, le propre mari d'Amelia. Celui-ci vient avertir le gouverneur de l'arrivée de conjurés qui viennent l'assassiner. Riccardo se décide alors à fuir à condition que Renato raccompagne la dame avec laquelle il se trouvait et qui a rabattu un épais voile sur son visage, sans chercher à savoir qui elle est. Mais à peine Riccardo a-t-il disparu que les conspirateurs, conduits par Samuel et Tom, entourent Renato et l'inconnue. Déçus de ne pas trouver le gouverneur, ceux-ci veulent au moins savoir quelle beauté se cache sous le voile de l'inconnue. Mais Renato, fidèle à sa promesse, s'interpose. Pour protéger son mari, Amelia ôte alors son voile et son identité éclate – coup de poignard dans le cœur de Renato, farce inattendue pour les conspirateurs. Renato contient mal sa fureur et, avant de partir avec sa femme, désespérée, il convie Tom et Samuel à lui rendre visite le lendemain matin.

Troisième acte

De retour chez lui, Renato annonce à sa femme que seule la mort peut expier sa faute : il va la tuer. Elle a beau protester de son innocence, Renato est inflexible. Il ne lui accorde que la grâce de revoir son fils une ultime fois. Mais alors qu'il se retrouve seul, il se prend de pitié pour sa femme : Riccardo est le coupable, c'est lui qui mourra. Le cœur gonflé de haine, face au portait de son Maître, Renato affirme sa détermination à laver dans le sang l'infamie.

C'est alors qu'arrivent Samuel et Tom, d'abord méfiants. Renato leur annonce, et leur prouve, qu'il connaît leur complot... et qu'il désire s'y joindre. Ils décident alors d'assassiner Riccardo pendant le bal masqué qui doit avoir lieu le soir même. Mais chacun revendiquant l'honneur de tenir le poignard, on décide de tirer au sort le nom de l'exécuteur. Amelia, entrant pour annoncer l'arrivée d'Oscar qui demande à être introduit, se voit obligée par son mari de tirer au sort, de sa «main innocente» précise-t-il avec ironie, le nom de celui qui frappera. C'est Renato qui est l'élu.

Oscar entre alors avec les invitations pour le bal. Renato acquièsce à l'invitation et précise qu'il sera accompagné d'Amelia.

Suit un bref tableau dans le cabinet de Riccardo au palais. Le gouverneur a résolu, non sans douleur, de renoncer à Amelia, et il rédige un bref billet enjoignant au couple de regagner l'Angleterre. Mais à ce moment, Oscar vient lui porter une lettre d'une inconnue l'avertissant du danger qu'il court s'il paraît au bal. Riccardo ne veut pourtant pas passer pour un lâche, et il brûle de revoir une dernière fois Amelia. Il passe donc outre à l'avertissement et décide d'assister au bal.

Dans la grande salle illuminée, la fête bat son plein. Les conjurés cherchent à reconnaître Riccardo parmi les masques et désespèrent de le trouver. Mais, avisant Oscar qu'il a reconnu, Renato le convainc de lui décrire le costume de son Maître. Paraît alors Riccardo, suivi d'Amelia qui le supplie de partir. Mais celui-ci ne l'écoute pas. C'est alors que surgit Renato qui frappe Riccardo d'un coup de poignard devant Amelia épouvantée. Les assistants se précipitent sur l'assassin, mais Riccardo les arrête. Rassemblant ses dernières forces, il assure son rival de la pureté de ses relations avec Amelia et lui tend l'ordre de départ en Angleterre qu'il avait préparé pour eux deux. Puis ayant pardonné à son meurtrier, il expire sous les yeux de la foule atterrée.

Martina Arroyo (Amelia) et Ludovico Spiess (Riccardo), en haut, à Buenos-Aires en 1970. Ulrica (Viorica Cortez), la sorcière devineresse, et Amelia (Katia Ricciarelli), la femme déchirée, à droite, dans la production de Sonja Frisell et Bernard Arnould (Opéra de Paris, 1981). Danielle Borst, un des plus ravissants pages Oscar de ces dernières années, avec Piero Cappuccilli (Renato), en bas, dans la production de Jean-Marie Simon (Grand-Théâtre de Genève, 1984).

Don Carlos

A la fois épique et intime, réaliste et irréaliste, politique et familial, Don Carlos représente aussi une avancée musicale dans le style d'écriture de Verdi. Mais c'est surtout une bouleversante confrontation de caractères sur fond de conflit historique.

Grand opéra en cinq actes.
Livret de Camille du Locle et Joseph Mery d'après le poème de Friedrich Schiller : *Don Carlos, Infant von Spanien.*

Musique de Giuseppe Verdi
Création : 11 mars 1867, Paris, Académie impériale de musique.

Personnages
Philippe II, *roi d'Espagne, basse*
Don Carlos, *infant d'Espagne, ténor*
Rodrigue, *marquis de Posa, baryton*
Le Grand Inquisiteur, *basse*
Un moine, *basse*
Elisabeth de Valois, *soprano*
La princesse Eboli, *mezzo-soprano*
Thibault, page d'Elisabeth, *soprano*
Une voix d'en haut, *soprano*
La comtesse d'Aremberg, *rôle muet*
Une femme en deuil, *rôle muet*
Le comte de Lerme, *ténor*
Un héraut royal, *ténor*
Députés flamands, *basses*
Inquisiteurs, *basses*
Seigneurs et dames des cours de France et d'Espagne ; bûcherons, peuple, pages, gardes de Henri II et de Philippe II, moines, soldats.

Le premier acte en France. Les autres en Espagne, vers 1560.

Après avoir abdiqué en 1556, Charles Quint se retire au couvent Saint-Just (Yuste) laissant sur le trône son fils Philippe II. La France et l'Espagne sont en guerre, mais les fiançailles de Don Carlos, infant d'Espagne, avec Elisabeth de Valois, fille d'Henri II et de Catherine de Médicis, doivent sceller la paix entre les deux pays (traité du Cateau-Cambrésis).

Premier acte

La forêt de Fontainebleau. Les bûcherons et leurs femmes se plaignent de l'hiver

L'Italien Ruggero Raimondi dans le rôle de Philippe II, le roi déchiré et cloué à sa solitude.

et de l'interminable guerre. Mais ces temps durs n'empêchent pas le roi de chasser gaiement dans la forêt. Sa fille Elisabeth promet aux bûcherons la paix et distribue des aumônes. Don Carlos, venu incognito en France pour voir sa fiancée, observe la scène et s'émeut de la beauté d'Elisabeth. Thibault, le page de celle-ci, s'éloigne un moment pour chercher une escorte, laissant Elisabeth seule avec Carlos. L'infant allume un petit feu de camp et leurs regards se rencontrent. Il n'ose pas lui avouer son nom, mais lui montre, à genoux, le portrait de son fiancé. Elle reconnaît ainsi Carlos et son âme fond de bonheur. Mais leur amour naissant est déjà condamné : Thibault revient et annonce le mariage d'Elisabeth avec Philippe II, le père de Carlos, qui doit garantir la paix. Cette cruelle nouvelle les laisse sans voix, désespérés. Le peuple se réjouit de la fin de la guerre.

Deuxième acte

Tableau I : Le cloître du couvent de Saint-Just. Carlos cherche en vain la paix et l'oubli du passé. Un moine agenouillé devant le tombeau de Charles-Quint se lève et s'approche de lui en disant que la paix qu'il espère se trouve auprès de Dieu. Carlos frissonne et croit entendre la voix de son grand-père, qui avait fini sa vie au même couvent. Arrive Rodrigue, son ami le plus proche, qui lui apporte de mauvaises nouvelles des Flandres. Le regard douloureux de Carlos trahit son secret. Il ouvre son cœur à Rodrigue qui apprend, avec horreur, que Carlos aime d'un amour insensé Elisabeth, maintenant épouse de son père. Pour sauver son ami, Rodrigue lui propose de quitter l'Espagne et de combattre pour la libération des Flandres. Les deux amis font le serment de vivre et de mourir ensemble.

Quand Philippe II et Elisabeth traversent le cloître pour aller prier devant le tombeau de Charles-Quint, Carlos s'incline et Elisabeth tressaille en le voyant.

Tableau II : Un site riant aux portes du couvent de Saint-Just. Les dames d'honneur attendent la reine. Pour les divertir Eboli leur chante la chanson du voile, qui raconte comment le roi maure Achmet fit la cour à une dame voilée qui se révéla être sa propre épouse. La reine sort du couvent. Elle est suivie de Rodrigue qui lui apporte une lettre de sa mère et qui lui glisse en même temps un billet écrit par Carlos. Pendant qu'Eboli demande à Rodrigue des nouvelles de France, Elisabeth lit le mot de Carlos et apprend que Rodrigue est dans le secret et qu'elle peut lui faire confiance. Celle-ci demande ensuite à Elisabeth de recevoir son fils Carlos, qui souffre et a besoin de voir sa mère. Eboli espère secrètement que Carlos est peut-être amoureux d'elle.

Les dames s'éloignent, Eboli sort avec Rodrigue, même la comtesse d'Aremberg, sa dame de compagnie, s'éloigne. Elisabeth et Carlos sont de nouveau seuls. Il demande à la reine de l'aider à partir pour les Flandres. Mais la voyant si distante et si fière il la compare à un marbre insensible et glacé. Pourtant elle lui avoue que vivre auprès de lui serait pour elle un paradis. Terrassé par cet aveu, le cœur déchiré, Carlos s'évanouit. Elle le ramène à la vie doucement, et Carlos la prend dans ses bras. Elisabeth se maîtrise pourtant et lui lance cruellement : « Allez, frappez votre père ! Venez, de son meurtre souillé, traîner à l'autel votre mère ! ». Carlos s'enfuit épouvanté.

Entre Philippe, irrité de trouver la reine seule. Il bannit la dame de compagnie qui devait rester avec Elisabeth. Tous s'étonnent de cette offense et Elisabeth console sa compagne. L'assistance se retire, mais Philippe retient Rodrigue et l'invite à parler ouvertement de la question des Flandres. Rodrigue lui décrit la terreur et l'agonie de ce beau pays et demande au roi la justice et la liberté. Séduit par l'honnêteté de Rodrigue, le roi lui confie ses soupçons au sujet de Carlos et de sa femme. Devenu brusquement confident du roi, Rodrigue craint pour Carlos.
Philippe II lui conseille de se méfier du Grand Inquisiteur.

Troisième acte

Tableau I : Les jardins de la reine. On prépare une fête nocture. Elisabeth confie à Eboli son désir de se retirer. Lui passant sa mantille, son masque et son collier comme signes extérieurs de la présence royale. Elisabeth abandonne la fête. Eboli fait porter un mot à Carlos lui fixant un rendez-vous.

Tableau II : La Peregrina, le ballet de la reine.

Tableau III : Les jardins de la reine. Carlos reçoit le billet qu'il croit venir d'Elisabeth, lui fixant un rendez-vous à minuit. Eboli arrive masquée comme la reine et Carlos lui adresse des déclarations enflammées. Quand il s'aperçoit de son erreur il est trop tard : Eboli a deviné qui est l'objet de cette passion. Rodrigue, qui n'était pas loin, tente de l'intimider, use de son influence de favori du roi, mais en vain. Eboli blessée au vif par l'erreur de Carlos menace de se venger. Rodrigue demande alors à Carlos de lui confier des papiers compromettants qu'il a sur lui. Ils se jettent dans les bras l'un de l'autre.

Tableau IV : Une grande place devant la cathédrale de Valladolid. Les cloches sonnent, le peuple acclame le souverain. Un autodafé est dressé sur la place pour brûler les victimes de l'Inquisition. Sortant de l'église, Philippe jure solennellement de servir Dieu par le feu et par l'épée. C'est le moment que choisit Carlos pour conduire devant le roi les députés des Flandres qui le supplient au nom de la liberté de leur pays. Philippe ordonne qu'on les éloigne. Elisabeth, Rodrigue et toute l'assistance à l'exception des moines implorent la pitié pour eux. Carlos demande à Philippe de lui confier les Flandres. Devant le refus de son père, il tire son épée contre le roi. Personne n'ose le désarmer sauf... son ami Rodrigue, marquis de Posa, que le roi récompense en lui conférant le titre de duc. La fête continue avec l'autodafé et une voix d'en haut annonce que Dieu pardonne aux âmes des martyrs.

Quatrième acte

Tableau I : Le cabinet du roi. Philippe rongé par les soucis médite sur sa vie, sur l'amour conjugal qui lui manque. Entre le Grand Inquisiteur, aveugle, âgé de 99 ans, à qui le roi demande s'il sera pardonné de condamner son fils à mort. L'Inquisiteur lui répond sévèrement que Dieu n'a pas hésité à sacrifier son propre fils et que la paix du monde vaut le sang d'un fils rebelle. Selon lui, Philippe lui-même peut être en danger s'il ne livre pas aussi à l'Inquisition son ami et confident, Rodrigue. Le roi refuse mais remarque amèrement que son orgueil doit fléchir devant l'orgueil du prêtre.

Brusquement c'est Elisabeth qui arrive bouleversée par le vol de sa cassette à bijoux. Philippe la lui montre et demande de l'ouvrir en sa présence.

Acte V de la production réalisée en 1977 à la Scala de Milan par Luca Ronconi, dans un décor de Luciano Damiani. Double jeu visuel permanent entre l'Histoire et les conflits privés, cette production est une des plus achevées et, plastiquement, l'une des plus belles de Don Carlos.

Elisabeth refuse, alors le roi brise le coffret lui-même, en s'étonnant : «Un portrait de l'infant parmi vos bijoux ?» Quand Philippe traite Elisabeth d'épouse adultère, elle s'évanouit. Arrivent Eboli et Rodrigue qui portent secours à la reine. Chacun commente à sa manière la situation. Le roi maudit ses soupçons, Eboli se sent coupable, Rodrigue décide d'agir et Elisabeth pleure son existence sur cette terre étrangère.

Restée seule avec la reine, Eboli lui avoue ses forfaits : elle a volé le coffret par jalousie, elle a séduit le roi, elle a dénoncé Elisabeth... La reine lui donne le choix entre le cloître ou l'exil. Eboli, malheureuse, maudit sa beauté, ce don fatal qui a causé sa perte. Mais une pensée l'anime encore : elle peut sauver Carlos, qui attend dans sa prison.

Tableau II : La prison de Carlos. Les papiers de Carlos ont été retrouvés sur Rodrigue. Il est condamné et dit adieu à Carlos qui, lui, sera libre et pourra sauver les Flandres. La vengeance du roi ne tarde pas, un fatal coup de feu est tiré. Rodrigue meurt avec la conscience d'avoir sauvé son ami.

Philippe arrive, rend l'épée à Carlos qui, au désespoir, crie la vraie raison de la mort de Posa et traite son père de meurtrier. Le tocsin sonne la révolte du peuple qui, soulevé par Eboli, prend d'assaut la prison, menace le roi et réclame l'infant. Mais la terrible autorité du Grand Inquisiteur et la présence du roi mettent le peuple à genoux.

Cinquième acte

Le cloître de Saint-Just. Elisabeth se recueille devant le tombeau de Charles-Quint. Carlos vient lui faire ses adieux avant son départ d'Espagne. Dans une chaste étreinte, très solennellement, ils se quittent pour toujours. Philippe et le Grand Inquisiteur ont entendu leurs dernières paroles. Le roi livre son fils à l'Inquisition. Carlos se défendant recule vers le tombeau de Charles-Quint. La grille s'ouvre et le moine, maintenant vêtu du manteau royal et portant la couronne, entraîne Carlos dans le cloître, pour que son cœur retrouve la paix auprès de Dieu.

Aïda

Archiconnue pour son « tube », la fameuse « marche des trompettes », Aïda est pourtant mal comprise : toute l'intimité tragique en est le plus souvent occultée. Peut-être parce qu'on n'écoute pas suffisamment le livret et qu'on ne prête pas l'attention nécessaire à la musique, plus raffinée que ne le laisse croire la fixation sur la seule scène du Triomphe.

Léontyne Price en Aïda, et Louis Quilico en Amonasro, son père, dans la bouleversante scène du Nil.

Mélodrame en quatre actes, livret d'Antonio Ghislanzoni, musique de Giuseppe Verdi. Première représentation au Caire, théâtre de l'Opéra 24 décembre 1871.

Personnages
Aïda, *esclave éthiopienne, soprano*
Radamès, *capitaine des gardes, ténor*
Amnéris, *fille du roi d'Égypte, mezzo-soprano*
Amonasro, *roi d'Éthiopie, père d'Aïda, baryton*
Ramfis, *grand prêtre, basse*
Le roi d'Égypte, *basse*
Un messager, *ténor*
Une prêtresse, *soprano*
Chœur : *Prêtres, prêtresses, ministres, soldats, officiers, fonctionnaires, esclaves et prisonniers éthiopiens, peuple égyptien, etc.*

L'action se passe sur les lieux de Memphis et de Thèbes à l'époque de la puissance des pharaons.

Premier acte

Premier tableau : une salle du palais royal à Memphis.

La guerre sera le dénominateur commun de l'opéra. Les premières paroles du grand prêtre Ramfis sont pour annoncer à Radamès que les Éthiopiens viennent d'envahir à nouveau le territoire égyptien. En soldat brave et discipliné, Radamès souhaite obtenir le commandement suprême des armées égyptiennes, quoiqu'il se trouve présentement dans une situation affective assez trouble : amoureux d'une jeune esclave éthiopienne – Aïda –, mais aimé de la propre fille du pharaon – Amnéris –. Mis en présence, les trois personnages donnent libre cours à leurs sentiments personnels. Chacun dans sa nuit.

L'arrivée du pharaon, précédé de ses gardes, suivi de Ramfis et des prêtres, interrompt brutalement leur méditation, les ramène au réel, en l'occurrence la guerre. Un messager confirme l'invasion éthiopienne et le roi informe Radamès que la déesse Isis l'a désigné pour conduire les armées au combat.

Tout à son amour, Aïda, spontanément, a chanté à l'unisson avec les autres « Vers nous reviens vainqueur ! » Maintenant des autres elle se sépare ; du cortège triomphal qui accompagne Radamès au temple elle se détache ; du soldat elle se désolidarise. Aïda se reprend, se repent aussitôt. Doit-elle souhaiter la victoire de ses ennemis, qui signifierait le massacre de son peuple, la mort de son père, le roi d'Éthiopie, dont elle tait prudemment le rang ? Déjà la guerre sépare Aïda de Radamès.

Deuxième tableau : le temple de Vulcain à Memphis.
Voilées de vapeurs d'encens, des danses sacrées alternent avec des chants de caractère liturgique. Tout un rituel destiné à confirmer Radamès dans sa mission, à prévenir, voire à provoquer sa victoire future, acquise. Ramfis remet à Radamès le glaive saint. Le soldat et le prêtre – l'actif et le passif – se rejoignent en une solennelle invocation à la déité Ptah.

Dieu est toujours du côté des forts.

Deuxième acte

Premier tableau : les appartements d'Amnéris à Thèbes.
Amnéris repose. Cliché usé d'une princesse langoureuse, bercée, éventée par ses suivantes, uniquement préoccupée de confort physique et moral. Dans l'immédiat, c'est Radamès qui personnifie à ses yeux le confort moral. A telle enseigne qu'ayant deviné le secret d'Aïda, Amnéris va prêcher le faux pour savoir le vrai. Pour savoir, et, si besoin est, pour faire état de sa puissance, de son rang.

Premier piège de l'opéra : Amnéris fait croire à Aïda que Radamès a succombé au cœur de la bataille. Émotion intense d'Aïda qui tombe dans le piège. Les deux rivales s'affrontent. Amnéris, orgueilleuse, agressive – « A ma puissance tout doit céder » – , Aïda, humble, suppliante – « Je n'ai sur terre que mon amour » – . Au loin, le chœur chante la victoire de l'Égypte.

La guerre des soldats s'achève. Celle des hommes commence.

Deuxième tableau : les portes de Thèbes.
A Thèbes, le soleil blanc éblouit le peuple, la cour, les prêtres rassemblés pour accueillir Radamès, vainqueur des Éthiopiens. Le soleil aveugle les consciences. Les chants de gloire, les palmes que l'on agite, les trophées que l'on expose, les danses que l'on exécute, tout est prêt pour masquer la solitude de Radamès, l'impatience d'Amnéris, l'angoisse d'Aïda. Parmi les captifs enchaînés, un homme se dresse hagard, hirsute : Amonasro, le père d'Aïda.

Nouveau piège : Amonasro fait croire au roi qu'il n'est qu'un Éthiopien parmi les autres, témoin comme les autres de la mort de son souverain. Brave mais naïf, Radamès le croit et demande au pharaon que les prisonniers soient libérés, alors que la tradition – représentée ici par le prêtre Ramfis – veut qu'ils soient mis à mort sur-le-champ. Mais le roi accède aux désirs de Radamès. Mieux : il lui offre la main de sa fille. Du coup, l'ensemble pompeux qui clôt l'acte n'est plus qu'une mascarade. Plus seuls que jamais, les protagonistes sont noyés par un flot de musique avantageuse : Radamès et Aïda, à jamais séparés ; Amnéris savourant son triomphe ; Amonasro méditant sa vengeance. Le Pouvoir – Ramfis et le roi – rejoignant au contraire le peuple et les prisonniers libérés dans un vaste concert d'auto-satisfaction, tout à la gloire de l'Égypte.

Troisième acte

Les bords du Nil.
Au soleil éblouissant de Thèbes succède la nuit secrète des rives du Nil. Les chœurs liturgiques que l'on entend dans le lointain n'ont plus qu'une fonction inverse d'écho. Seuls les tristes héros du drame sont en scène.

Amnéris d'abord, qui accompagnée de Ramfis se rend au Temple pour prier Isis de convertir Radamès à ses desseins.

Aïda, ensuite, toujours partagée entre son amour et sa patrie.

Amonasro maintenant, qui a surpris la passion de sa fille et va exercer sur elle un chantage moral, afin qu'elle obtienne de l'amant les secrets du militaire.

Radamès enfin, qui croit pouvoir imposer sa volonté, prendre publiquement Aïda pour femme. Aïda, l'étrangère, la «négresse», l'ennemie, l'esclave. De cette naïveté Aïda va tirer parti.

Troisième piège, tendu celui-ci par Aïda, qui amène Radamès à révéler quel chemin comptent emprunter les armées égyptiennes pour vaincre les derniers rebelles : le col de Nàpata. «Le col de Nàpata !», hurle triomphant Amonasro, surgi brusquement de l'ombre et de l'anonymat. Radamès a trahi. En quelques secondes, son sort s'est joué. Brave toujours, brave à tout prix, il assumera son destin en se livrant immédiatement au grand-prêtre.

Quatrième acte

Premier tableau : une salle du palais royal à Memphis.
C'est Amnéris qui détient maintenant le sort de Radamès entre ses mains. C'est elle qui hier, tout à l'heure, l'a surpris en compagnie d'Amonasro et a alerté les gardes de Ramfis. Pour mieux posséder celui qu'elle aime ?

Second chantage, après celui qu'exerçait tout à l'heure Amonasro sur sa fille. Amnéris propose à Radamès un marché : s'il consent à l'épouser et à rompre définitivement avec Aïda, elle intercèdera auprès de son père pour obtenir sa grâce. Brave toujours, aux confins de la bavoure et de la bravade, Radamès ne veut que subir son destin.

Muet, impassible, il écoute Ramfis et les prêtres prononcer la sentence : «Sois vivant englouti dans la terre !». Ni prière. Ni plainte. Ni justification. C'est Amnéris qui assume maintenant la douleur de Radamès. Amnéris qui gémit, se traîne à terre, supplie les juges, maudit les prêtres.

Plus pitoyable, plus humiliée que celui qui va mourir.

Deuxième tableau : la crypte du temple de Vulcain.
A l'approche de la mort, le calme a succédé au déferlement orchestral et vocal des lamentations d'Amnéris. La large pierre s'est refermée sur le caveau où Radamès a été conduit, silencieux, résigné. Brave jusqu'aux ultimes instants. Là-haut, l'autel au pied duquel, au premier acte, le vainqueur en instance recevait les honneurs des mains de Ramfis. Maintenant, au dernier tableau, la crypte sous l'autel, où le mort en sursis subit le supplice infligé par Ramfis.

Situation parallèle pour Aïda qui, après avoir échappé aux soldats du grand-prêtre, s'est glissée dans le tombeau pour partager le supplice ordonné par le grand-prêtre. Comme tout à l'heure, hier, sur les bords du Nil, les deux voix se joignent, croisées, confondues, agonisantes. Tandis qu'Amnéris, prostrée sur la dalle qui scelle le caveau, psalmodie une dernière prière. Tardive. Inutile. Murmurée.

D'une certaine manière, Amnéris meurt à son tour.

Emmurée dans sa passion.

A *ïda* est l'opéra fétiche des arènes de Vérone (en haut), où ses scènes spectaculaires, ses défilés, trouvent à se déployer avec tout le faste attendu par la plupart des spectateurs. Grace Bumbry, à droite, somptueuse Amnéris à la voix de cuivre (Covent Garden de Londres, 1968). Ci-dessus, le plus grand ténor italien d'aujourd'hui, Luciano Pavarotti, en Radamès, avec Ghena Dimitrova, en Aïda, dans la belle production qui a fait l'ouverture de la saison 1985-1986 de la Scala de Milan.

Otello

Tiré du drame de Shakespeare, c'est peut-être le chef-d'œuvre de Verdi. Une œuvre ardemment tragique, avec des fulgurances, des embrasements de chœur, des emportements d'orchestre et trois rôles admirables, Otello, Desdémone et Iago, soulevés à la fois par l'intensité de leur caractère shakespearien et le feu de la musique de Verdi.

Drame lyrique en quatre actes, livret en vers de Arrigo Boito d'après la tragédie du même nom de William Shakespeare, musique de Giuseppe Verdi. Première représentation au Théâtre alla Scala de Milan le 5 février 1887.

Personnages
Otello, *maure, général de l'armée vénitienne, ténor*
Desdemona, *femme d'Otello, soprano*
Iago, *enseigne, baryton*
Cassio, *chef d'escadre, ténor*
Lodovico, *ambassadeur de la république de Venise, basse*
Emilia, *femme de Iago, mezzo-soprano*
Roderigo, *gentilhomme vénitien, ténor*
Montano, *prédécesseur d'Otello comme gouverneur de l'île de Chypre, basse*
Un héraut, *basse*
Chœur : *Soldats et marins de la république de Venise, dames et gentilshommes vénitiens, hommes et femmes du peuple de Chypre, hommes d'armes grecs, dalmates et albanais, enfants de l'île, un tavernier, quatre garçons de taverne, hommes d'équipage.*

Décor : une ville maritime de l'île de Chypre à la fin du XVe siècle.

Premier acte

Le port de Chypre.

Une violente tempête fait rage. Au milieu des vagues déchaînées, le vaisseau qui ramène Otello et ses hommes est en vue, et le peuple implore le secours du Ciel. Lorsque le navire a enfin atteint le port, Otello paraît et annonce la victoire navale qu'il vient de remporter sur les Turcs. La foule l'acclame et prépare un feu de joie tandis que s'apaise la tempête.

A l'écart Iago, l'enseigne d'Otello, et Roderigo, jeune noble vénitien, semblent furieux de ce retour. Le premier est jaloux du beau Cassio, promu récemment au grade de capitaine par Otello. Le second brûle d'un amour sans espoir pour la jeune femme du More, la douce Desdémone. A la faveur de l'allégresse qui fait suite au retour d'Otello, Iago fait boire Cassio qu'il présente à Roderigo comme un rival. Lorsque Montano, ancien gouverneur de l'île, vient chercher Cassio pour le tour de garde, Roderigo se moque du jeune capitaine et le pousse à un duel au cours duquel Montano est blessé. Otello survient indigné, et dégrade Cassio lorsque Desdémone paraît, réveillée elle aussi par le tumulte. Restés seuls dans la nuit, les deux époux évoquent dans un dialogue passioné leurs tourments passés, puis la naissance de leur amour et la plénitude de cet instant.

Deuxième acte

Une salle dans le château.

Poursuivant son plan diabolique destiné à perdre Cassio, Desdémone et Otello, Iago conseille maintenant à Cassio de demander à Desdémone d'intercéder en sa faveur auprès d'Otello, afin d'obtenir sa réhabilitation. Seul, Iago clame sa profession de foi d'être malfaisant, son «credo» : «Je crois en un Dieu cruel qui m'a créé semblable à lui...».

Desdémone, suivie d'Emilia, arrive dans le jardin et Iago voit Cassio l'aborder et conserver avec elle. Otello surgit à ce moment propice Iago ; distille dans son esprit jalousie en lui donnant à supposer que Desdémone le trahit avec Cassio. «Veillez !», lui dit-il. Peu après, Desdémone s'approche d'Otello et plaide la cause de Cassio. Le More refuse avec tant de violence que la jeune femme en est étonnée. Otello prétextant un mal de tête, Desdémone lui propose son mouchoir. Otello, fou de rage, jette le mouchoir à terre où Emilia le ramasse. Dans le quatuor qui suit, Desdémone demande pardon d'une faute qu'elle pourrait avoir commise sans le savoir.

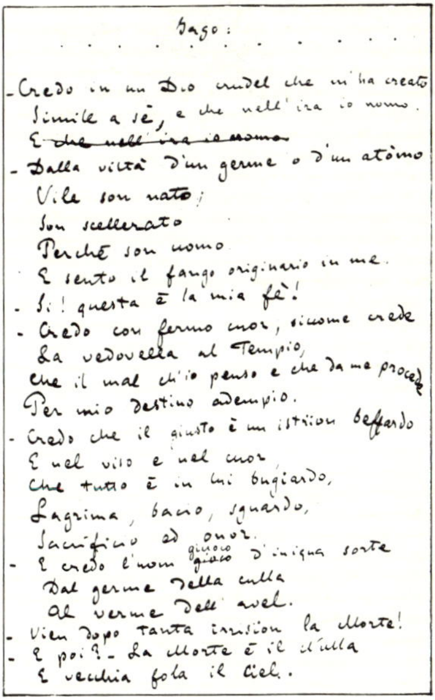
Iago:
. . . .
- Credo in un Dio crudel che m'ha creato
Simile a sè, e che nell'ira io nomo.
~~E che nell'ira io nomo~~
- Dalla viltà d'un germe o d'un atòmo
Vile son nato;
Son scellerato
Perchè son uomo
E sento il fango originario in me.
- Sì! questa è la mia fè!
- Credo con fermo cuor, siccome crede
La vedovella al Tempio,
Che il mal ch'io penso e che da me procede
Per mio destino adempio.
- Credo che il giusto è un istrion beffardo
E nel viso e nel cuor,
Che tutto è in lui bugiardo,
Lagrima, bacio, sguardo,
Sacrificio ed onor.
- E credo l'uom giuoco gioco d'iniqua sorte
Dal germe della culla
Al verme dell'avel.
- Vien dopo tanta irrision la Morte!
- E poi? - La Morte è il Nulla
E vecchia fola il Ciel.

Manuscrit d'Arrigo Boïto, le librettiste, pour le terrifiant «Credo» de Iago, où se révèle la noirceur d'âme de l'enseigne d'Otello. A gauche, le ténor canadien Jon Vickers dans le rôle d'Otello au Festival d'Orange 1975.

Otello trouve en lui-même (ses manières, sa négritude, son âge) les raisons de son malheur, tandis que Iago parvient à arracher à sa femme le mouchoir de Desdémone, tout en lui intimant le silence.

Otello est maintenant torturé par la jalousie. Iago parvient à le pousser à bout et le More, désespéré, exige une preuve tangible de la trahison de Desdémone. Iago lui fait alors le récit d'un rêve de Cassio, évoquant son amour pour Desdémone et maudissant son union avec le More. Otello accueillant ce récit fallacieux comme un fait, Iago ajoute qu'il a vu entre les mains de Cassio

Justino Diaz (Iago) et Placido Domingo (Otello) dans le film d'opéra réalisé par Franco Zeffirelli, sans doute une des réalisations les plus abouties depuis la naissance de ce genre.

Placido Domingo (Otello) et Katia Ricciarelli (Desdémone) dans la bouleversante scène finale du film de Zeffirelli : le succès du film tient aussi à la réunion de ces deux interprètes d'exception, les plus grands interprètes de ces rôles aujourd'hui en même temps que les plus crédibles cinématographiquement.

certain mouchoir dont Otello avait fait présent à sa femme, en premier gage de leur amour. Le More jure alors solennellement au Ciel de venger son honneur.

Troisième acte

La grande salle du palais.
Un héraut annonce l'arrivée imminente d'ambassadeurs de Venise. Entre Desdémone. Otello se borne à de légères insinuations, mais lorsque la jeune femme plaide à nouveau la cause de Cassio, il lui demande le mouchoir qu'il lui a offert. Malheur à elle si elle l'a égaré ! Comme Desdémone revient à la cause de Cassio, Otello la traite de courtisane et la fait sortir. Resté seul, Otello avoue qu'il aurait préféré tout perdre – honneurs et gloire des armes – plutôt que de voir Desdémone le tromper. Iago survient, précédant Cassio, et conseille à Otello de se cacher. Adroitement, Iago amène Cassio à parler de sa vraie maîtresse, Bianca.

Otello, caché derrière un pilier, n'entend que par bribes et s'imagine que Cassio parle de Desdémone. Lorsque Cassio montre à Iago le mouchoir qu'il a trouvé chez lui, Otello ne doute plus de l'infidélité de sa femme.. Cassio sorti, il déclare tout net à Iago qu'il tuera Desdémone. Iago préconise de l'étouffer dans son lit, là où elle a péché. Quant à Cassio, il s'en chargera lui-même.

Des sonneries de trompettes annoncent l'arrivée de l'ambassade vénitienne. Lodovico, l'envoyé du Doge, remet à Otello un message du Doge. Celui-ci rappelle le More à Venise et désigne Cassio comme nouveau gouverneur de l'île. Otello entendant Desdémone parler de Cassio avec Lodovico et Iago, adresse à sa femme des paroles blessantes et va jusqu'à la jeter à terre. La malheureuse pleure sur son bonheur perdu tandis que, en un grand «ensemble», ceux qui ont assisté à la scène la plaignent ou stigmatisent le More. Otello, saisi de fureur, chasse tout le monde. Il maudit Desdémone et sous l'empire d'une crise nerveuse perd connaissance. Iago triomphant pose son pied sur le corps inerte : «Voici le Lion !».

Quatrième acte

La chambre de Desdémone.
A Emilia qui l'aide à se préparer pour la nuit, Desdémone apprend qu'Otello lui a ordonné de se coucher et de l'attendre. Après avoir chanté une triste cantilène – la chanson du saule – elle récite avec ferveur deux «Ave Maria», puis se couche. Un peu plus tard, alors qu'elle est endormie, Otello entre, armé d'un cimeterre. Il semble encore hésiter sur la conduite à tenir, puis pas trois fois embrasse Desdémone qui s'éveille. Solennellement, Otello lui demande si elle a dit ses prières du soir, car il va la tuer. Desdémone se sentant perdue implore un moment de grâce. Le More, au sommet de la colère, l'étouffe sur son lit.

On frappe à la porte : c'est Emilia qui, hors d'haleine, vient annoncer à Otello médusé que c'est Cassio qui a tué Roderigo. Elle entend un gémissement et se précipite auprès de sa maîtresse pour recueillir ses dernières paroles : «Je meurs innocente». Otello avoue qu'il l'a tuée parce qu'elle était la maîtresse de Cassio. Apprenant que c'est la perte du mouchoir qui a causé la mort de Desdémone, Emilia dévoile la machination de Iago. Celui-ci, sommé par Otello de se disculper, s'enfuit, poursuivi par les soldats de Montano, à qui Roderigo mourant a tout révélé. Lorsque tout est devenu terriblement clair pour lui, Otello se transperce d'un poignard et se traînant jusqu'au lit, embrasse à trois reprises Desdémone avant de mourir...

Falstaff

On tourne en bourrique un vieux monsieur, comme des enfants peuvent s'amuser, cruellement, avec un vieux matou. Mais le vieux monsieur en question a beau être une sorte de clochard en forme de tonneau, un peu satyre, un peu escroc, on ne peut s'empêcher d'éprouver de la sympathie pour lui. Feu d'artifice final de Verdi, Falstaff *est en effet une œuvre plus complexe qu'il n'y paraît, grâce à une écriture musicale à la fois mozartienne et déjà projetée vers une modernité alors in-ouïe.*

Comédie lyrique en trois actes de Arrigo Boito.

Musique de Giuseppe Verdi
Création : 9 février 1893, Teatro alla Scala, Milan.

Personnages
Sir John Falstaff, *baryton*
Ford, *mari d'Alice, baryton*
Fenton, *ténor*
Le Docteur Caïus, *ténor*
Bardolphe, *ténor*
Pistolet, *basse*
Mrs Alice Ford, *soprano*
Nannette, *fille d'Alice, soprano*
Mrs Quickly, *mezzo-soprano*
Mrs Meg Page, *mezzo-soprano*
L'hôtelier de la Jarretière
Robin, *page de Falstaff*
Un page de Ford
Bourgeois et gens du peuple, serviteurs de Ford.
Mascarade de follets, fées, sorcières, etc.

La scène est à Windsor. Époque : sous le règne de Henri IV d'Angletterre.

La présente comédie est tirée des *Joyeuses Commères de Windsor* et de plusieurs passages du *Henri IV* et du *Henri V* de Shakespeare concernant le personnage de Falstaff.

Premier acte

La grande salle de l'auberge de la Jarretière. Sir John Falstaff, achève de cacheter deux lettres quand le docteur Caïus fait irruption, furibond, accusant Sir John d'avoir battu ses domestiques et saccagé sa maison – ce que celui-ci ne nie pas. Puis avisant Bardolphe et Pistolet, il les accuse de l'avoir enivré pour mieux le voler. Ceux-ci nient et le ton monte. Finalement le docteur sort en faisant serment de ne plus boire qu'avec des gens honnêtes.

Le calme revenu, Falstaff, consultant la note de l'aubergiste et observant l'état de ses finances, constate qu'il est à court d'argent et se lamente à l'idée de devoir peut-être bientôt en être réduit à la mendicité, voire même à maigrir ! Mais il confie alors à ses acolytes qu'il a trouvé un subterfuge pour se procurer quelque argent : les épouses de Ford et Page, Alice et Meg, deux bourgeoises riches, ont, lui semble-t-il, fait les yeux doux à sa bedaine. Il leur a donc adressé deux lettres bien tournées et il demande à ses deux compères de les porter à destination. Mais les deux drôles, invoquant leur honneur, refusent de se prêter à cette *combinazione* ! Falstaff tonne alors contre ces deux bons à rien, contre l'honneur, cette notion vaine, et, confiant la commission à un garçon de l'auberge, entreprend de chasser les deux lascars à coup de balai.

Le jardin de la maison de Ford. Alice Ford et sa fille Nannette se préparent à se rendre chez Meg Page lorsque celle-ci surgit, flanquée de Mrs Quickly : elle est venue montrer à Alice la lettre qu'elle vient de recevoir de Falstaff. Alice lui montre aussitôt la sienne et elles constatent que seul change le nom de la destinataire. A la fois amusées et fâchées, les quatre femmes décident de se venger en donnant une leçon au gros chevalier. A ce moment, Ford passe devant la maison, accompagné de Caïus, Fenton (qui est amoureux de Nannette), ainsi que Bardolphe et Pistolet, bien décidés eux aussi à se venger de leur maître en dévoilant ses projets à Ford. Les quatre femmes et les cinq hommes décident alors chacun de s'unir pour mettre au point un plan de vengance. Alice va donc répondre à la lettre de Falstaff, l'attirer chez elle et là... De son côté Ford imagine de se présenter déguisé chez Falstaff et là...

Deuxième acte

A l'auberge de la Jarretière. Falstaff, toujours attablé, écoute les feintes excuses de ses deux sbires, Bardolphe et Pistolet. Arrive alors une vieille femme – c'est Mrs Quickly – qui après une longue révérence transmet au vieux beau qui ne se sent plus d'aise un message des deux dames : Alice, profitant de ce que son mari sera absent, le recevra tantôt chez elle. Meg est tout aussi éprise mais elle est, dit la messagère, trop jalousement gardée par son mari. Sir John, caressant sa bedaine, remercie Mrs Quickly et songe déjà à sa bonne fortune.

Arrive alors Ford, déguisé en «Signor Fontana», qui appâte le chevalier avec une bourse bien garnie et du vin de Chypre. Il lui raconte qu'il est épris de Mrs Ford mais ne parvient pas à la séduire : Falstaff ne pourrait-il la courtiser afin de lui préparer la voie ? Le gros chevalier s'amuse beaucoup de la situation et acquiesce, révélant qu'il a précisément rendez-vous avec la jeune femme. Ford, interloqué, demande alors à Falstaff s'il connaît le mari d'Alice – et s'entend décrire de façon fort peu obligeante par le vieux goujat, qui le laisse ensuite pour aller se faire une beauté. Ford, resté seul, laisse éclater sa jalousie puis, Falstaff revenant paré de pied en cap, il se ressaisit et ils sortent tous les deux bras dessus bras dessous.

Une pièce dans la maison de Ford. Tout est prêt pour la farce. Alice recevra Ford et Meg accourra, annonçant l'arrivée du mari. Nannette pleurniche parce que son père veut la marier avec le vieux Dr Caïus alors qu'elle est amoureuse du jeune Fenton. Mrs Ford promet son soutien à sa fille. Arrive Falstaff, tout frétillant. Meg surgit comme prévu

Les joyeuses commères de Windsor réunies pour préparer leur coup contre Falstaff : Jocelyne Taillon (Quickly), Patricia Wise (Nanetta), Kathleen Kuhlmann (Meg), dans la production de Giorgio Strehler à la Scala de Milan en 1982.

Juan Pons (Falstaff) et Mrs Quickly (Jocelyne Taillon) dans la même production de Strehler.

pour annoncer le retour de Ford mais Quickly la suit pour dire que celui-ci arrive *vraiment* ! Panique ! En effet le mari, furieux, se précipite dans la maison. Les joyeuses commères n'ont que le temps de cacher le gros ventru dans un panier de linge sale, pendant que Ford entreprend de fouiller la maison. Soudain le mari jaloux entend des baisers derrière le paravent. Rassemblant ses gens autour du lieu du délit, il l'écarte et découvre... Nannette et Fenton. La fureur de Ford redouble et il sort. Les commères appellent alors les servants pour qu'ils vident le panier dans la Tamise ! Quand Ford revient, Alice lui montre le gros chevalier barbotant dans l'eau boueuse.

Troisième acte

Devant l'auberge de la Jarretière. Assis sur un banc, Falstaff, amer, se fait sécher en ruminant sa honte. Sur ces entrefaites paraît Mrs Quickly, porteuse d'un nouveau message d'Alice Ford. Mais Falstaff, désabusé, ne veut plus entendre parler de rien. Quickly parvient pourtant à le convaincre de retrouver la belle à minuit dans le parc de Windsor, devant le chêne du Chasseur noir.

Arrive alors Alice, accompagnée de Nannette, Meg, Ford, Caïus et Fenton. Elle leur explique qu'elle a imaginé d'attirer Falstaff, déguisé dans le costume du Chasseur noir, dans ce lieu qu'on dit hanté et de le terroriser en organisant une sorte de sabbat. Mais pendant que les femmes organisent la mascarade avec Fenton, Ford en profite pour préparer avec Caïus un piège pour sa fille, qu'il est plus que jamais décidé à marier au docteur.

Le Parc de Windsor à minuit moins dix. Fenton chante son amour pour Nannette qui reprend l'air avec lui mais Alice arrive pour mettre la dernière main à la mascarade. Falstaff apparaît alors, ridiculement drapé dans une grande cape et coiffé de bois de cerf. Minuit sonne. Alice accourt vers lui d'un pas léger et, sans s'apercevoir même de son ridicule, Falstaff s'avance vers elle, quand un cri retentit puis différents bruits inquiétants. Falstaff, terrifié, se jette face contre terre au moment même où Nannette, déguisée en Reine des Fées, paraît, entourée d'une nuée de fillettes vêtues elles-mêmes en fées, et bientôt suivies d'Alice qui, s'étant éclipsée, réapparaît masquée, puis de Meg en nymphe, de Quickly en sorcière et de Bardolphe en diable rouge. Piqué, taquiné, rabroué, tiraillé, roulé dans la poussière. Falstaff hurle sa terreur jusqu'au moment où il reconnaît Bardolphe parmi ses bourreaux. Chacun ôte alors son masque : la déconvenue de Falstaff est totale. Il parvient pourtant malgré son humiliation à sauver la face en affirmant que si la plaisanterie est réussie, c'est... grâce à lui ! Et tous, même Ford, conviennent que son esprit peut le racheter, en dépit de ses énormes défauts.

Alors Ford, annonce le mariage de sa fille avec Caïus et leur donne sa bénédiction. Mais il accepte d'en faire autant pour un second couple, masqué, que lui présente sa femme Alice. Et quand il réalise que Bardolphe avait revêtu le déguisement de la Reine des fées et que le second couple est formé de Nannette et Fenton, il est trop tard. Finalement tout le monde pardonne à tout le monde et Falstaff entraîne la compagnie dans une fugue joyeuse, affirmant que le monde entier n'est que farce et duperie – mais que rit bien celui qui rit le dernier.

Souvenirs littéraires

Alberto Savinio, de son vrai nom Andrea de Chirico (frère cadet du peintre Giorgio de chirico), peintre, auteur dramatique et écrivain, raconte ici l'une de ses promenades milanaises. De digression en digression, de rue en rue, il écrit les mémoires d'un Milan disparu...
Et comment flâner dans Milan sans rencontrer Verdi ?

Verdi, comme on sait, mourut à l'hôtel *Milano*, à l'angle de la *via* Manzoni et de la *via* Croce Rossa. Il occupait un appartement d'angle, et l'on dit que pendant sa maladie la municipalité fit répandre de la paille sur les deux rues, afin que le bruit des véhicules ne dérangeât pas l'illustre infirme. On dit aussi que Verdi, les derniers jours, se fit transporter dans le salon parce que dans la chambre à coucher l'air lui manquait, et qu'au moment suprême il invoqua « de l'air ! de l'air ! », comme, de son côté, Goethe avait invoqué *« Mehr Licht ! »*

C'est mon ami Ettore qui m'avait donné ces informations, et moi, après les avoir transcrites avec soin dans mon carnet, j'avais pris le train et m'en étais revenu à Rome. Comment mettre en doute les informations sur l'hôtel *Milano* données par l'ami Ettore, qui, de l'hôtel *Milano*, a été pendant des années le propriétaire ? Mais le lendemain une lettre de l'ami Ettore me parvient à Rome, m'avertit que les informations sont fausses. Verdi n'était pas mort dans le salon mais dans la chambre à coucher, la paille n'avait pas été répandue pour Verdi, mais dix années auparavant pour don Pedro II du Brésil. Il est curieux de voir comment naissent les légendes, et surtout comment le personnage de premier plan (Verdi) a absorbé dans sa propre légende le personnage de second plan (don Pedro II). Artiste, je suis content que l'artiste ait absorbé l'empereur. Quant à l'invocation *in extremis* de Goethe, elle se réduit en vérité au désir exprimé par le mourant d'entrebâiller les persiennes.

J'ai visité la chambre où est mort Verdi. Elle porte le numéro 11, autrement dit elle est gardée par deux carabiniers. De lui et de ses affaires,

il ne reste nulle trace. Je m'avance sur le seuil de sa chambre où maintenant une couturière de Turin présente ses modèles, toilettes molles, disloquées, évanouies sur les divans. Les meubles qui composaient la chambre de Verdi ont été transportées à Sant'Agata, recomposés dans leur position familière. Ils sont pathétiques et « verdiens ». Comme toutes les choses douces du XIXe siècle, la chambre de Verdi aussi était une photographie en négatif.

Quand Verdi mourut, à seize heures, le 21 janvier 1901, il ne mourut pas seulement à Milan, mais dans l'univers entier. Le vers de D'Annunzio : « Il pleura et aima pour tous », rhétorique et insensé tant qu'on veut, est pratiquement vrai.
La rhétorique, une fois n'est pas coutume, a rencontré la vérité.

J'étais un garçonnet et on habitait Athènes. Quand arriva la nouvelle que Verdi était mort, les réverbères de la rue du Stade se voilèrent de crêpe et les papillons du gaz brûlèrent dans la lumière du soleil. Lumière voilée est signe de mort : à plus forte raison lumière dans la lumière. Mon père s'enferma dans son bureau, et par le trou de la serrure je vis qu'il pleurait.

A la douleur succédèrent les anecdotes. On sut que Verdi avait laissé sept millions de lires, somme énorme dans la perspective économique de ce temps. [...]

Le vers de D'Annunzio doit être complété : « Il pleura et aima, et ramassa des sous pour tous. » Universalité d'une renommée ! Une renommée qui n'est plus renommée, mais mythe.
En cela aussi Verdi ressemble à Garibaldi. La ressemblance entre ces deux « violoncelles de l'histoire » est telle qu'on peut appeler Verdi le Garibaldi de la musique. Garibaldi le Verdi des champs de bataille.

Verdi écrivit vingt-huit opéras, à quoi il faut ajouter *Un jour de règne*, représenté le 5 septembre 1840 et jamais repris depuis. Son destin, ce mélodrame le portait dans son titre. Aux vingt-neuf œuvres lyriques mentionnées, d'aucuns en ajoutent une trentième, faite non pas de sons mais de matériaux de construction, autrement dit la *Maison de repos pour musiciens,* édifiée à Milan selon la volonté de notre père mélodique entre 1896 et 1899, et que les susnommés d'aucuns appellent «l'œuvre posthume» de Verdi.

La *Maison de repos pour musiciens* s'est bâtie sur le projet de Camillo Boïto, en un style médiéval légèrement teinté de moresque. Qui pour une raison qui pour une autre, les frères Boïto ont été les anges noirs de Verdi dans le dernier acte de sa vie, ses belles-mères. Et qui sait combien d'implacable mauvaiseté gît dans l'action d'une belle-mère, surtout si elle a pour but de bien faire, peut aisément déduire à quelle puissance métaphysique monte l'action combinée de deux belles-mères, surtout s'il s'agit de belles-mères avec moustaches et chapeau melon.

Fabrizio et moi sommes arrivés en tram à cette maison, et qui nous accueille avec une grande courtoisie dans le vestibule ce n'est pas la Mélodie, ni le Poème, ni la Sérénité, ni même la Tragédie, comme il en allait selon les vœux d'Enrico Butti, mais un parfum diffus et cordial de risotto au safran.

Telle était probablement aussi l'intention du bon père mélodique, de donner à ces musiciens vieillis, à ces musiciens appauvris, à ces musiciens déchus, dont lui généreusement se disait le collègue, et avec lesquels il voulut fraternellement cohabiter pour l'éternité ; donner moins une continuation de l'illusion mélodique qu'une garantie même olfactive du couvert assuré. Quelle tranquillité, quelle paix pour nous que l'incertitude du lendemain, le doute du sort agitent comme le vent agite les feuilles, quel réconfort si à ce souffle de risotto jaune nous pouvions dire nous aussi : « Toi tu es des nôtres ! »

Voilà la signification du sommeil que Verdi dort dans la crypte de la maison de repos, voilà la raison de la signification plus étendue que le mot repos acquiert dans cette maison.

Par coïncidence, le gardien nous murmure, tandis que nous montons le large escalier liberty dessiné par Camillo Boïto, que « les hôtes de cette maison oublient peu à peu la musique ».

Cela aussi probablement faisait partie des vœux de Giuseppe Verdi, ôter à ses collègues les anxiétés et les illusions de la musique, et les placer dans le bonheur assuré d'un insonore repos. Laissez parler d'expérience un qui s'y connaît : on ne se souvient de la musique qu'en état de douleur.

Pourtant, dans cette maison où l'on fait taire la musique, nous entendons un son d'orgue, et le son se confirme tandis que nous traversons le salon de réception, riche de caissons qui avancent sur le plafond en dures mamelles rectangulaires, de lampadaires aux ballantes gouttes de cristal, de filets d'or qui ruissellent de tous côtés comme des stalactites. Cependant celui qui est assis au clavier de l'orgue n'est pas un hôte de la maison mais un religieux : un hôte des hôtes.

D'hôtes de la maison, jusqu'à présent nous n'en avons pas rencontré, et cela nous encourage, soucieux que nous sommes de ne pas faire sentir le poids, à ces musiciens vaincus,

Verdi sur le chantier de la Casa di Riposo, avec Camillo Boïto, l'architecte (au centre) et M. Noseda, l'entrepreneur (à gauche).

la honte de notre curiosité. Voilà la grande insanité de la vie dans les hospices, dans les casernes, dans les internats, de devoir vivre jusqu'à sa propre intimité de manière collective. Dans un rêve angoissant et récurrent, je me retrouve sur une route pleine de gens, parfaitement vêtu au-dessus de la ceinture, mais nu de la ceinture aux pieds. Les rêves ne sont donc pas le soulagement de ces sentiments inavouables qu'éveillés nous sommes contraints de cacher, mais le théâtre expérimental où ces sentiments prennent forme, et se montrent à nous en une représentation édifiante et avertisseuse. Il n'y a point de plaisir dans la liberté, dans la non-conscience du rêve, et nous désirons vivement rentrer dans la «prison» de notre morale, de notre conscience, de notre volonté de secret. Les rêves, ces ilotes fidèles, nous donnent chaque nuit le spectacle angoissant mais salutaire de notre enfer.[...]

Seule une loi pouvait autoriser Verdi à être enterré en dehors d'un cimetière, et quand Verdi demanda par écrit l'autorisation nécessaire au ministre Baccelli, celui-ci donna au Parlement une réponse qui est d'une suprême délicatesse. Il dit que Verdi vivant, la Chambre n'aurait jamais osé voter une mesure concernant Verdi mort. Mais on voit que Baccelli n'était pas familier des pratiques superstitieuses, car au dire des pratiquants les plus réputés, pour conjurer le mauvais sort on use du système homéopathique et c'est la mort qui chasse la mort.

La crypte de la maison de repos est ornée d'«éblouissantes mosaïques tirées des cartons de Lodovico Pogliaghi», empreintes de cette «aspiration de l'idéal» qui autour de 1900 inspirait l'art officiel de l'Europe entière. En cette crypte, Verdi repose auprès de Giuseppina Strepponi, son épouse bien-aimée.

Nous lançons la main pour suspendre le geste du gardien, mais celui-ci a déjà ouvert la porte d'une chambre...

Il est heureux que la chambre soit habitée par les seuls meubles : un petit lit couvert de blanc, une armoire sans porte, une petite table, une madone de Luini au mur.

«Et quand l'hôte est marié ?»

Le gardien répond : «Ils sont hébergés l'un et l'autre mais vivent séparés : le mari avec les hommes, l'épouse avec les femmes.»

Je doute que cette disposition ait été prise par Verdi, lui qui, ne tolérant pas les ragots des gens de Busseto sur sa vie privée, partit pour Paris au mois de décembre 1851 avec Giuseppina Strepponi.

«La femme, ajoute le gardien, est inscrite sous son nom de jeune fille.
– Pourquoi ? Peut-être pour restituer à la femme cette personnalité que le mariage lui enlève ?»

Le gardien élude cette question, mais en échange il nous informe que les hôtes de la maison sont actuellement cent dix : soixante-cinq hommes et quarante-cinq femmes.

Du couloir du premier étage je me penche pour regarder en bas dans la cour, et je vois Verdi – j'ai bien dit : Verdi – qui la traverse à pas lents, et se dirige vers la sortie.

Si je ne pousse pas un cri c'est qu'il n'est pas dans mon habitude de crier, et je restai muet, d'après ce que me dit ma mère, même quand je vins au monde.

Je lève rapidement mon regard au ciel pour le désensorceler, ensuite je l'abaisse aux croisées d'en face pour m'assurer qu'il est encore efficace et n'a pas acquis entre-temps des facultés nécromantiques ; enfin je le reporte dans la cour : Verdi continue à marcher et va passer sous le porche.

Non seulement, mais derrière le premier Verdi marche un second Verdi, et derrière le second un troisième, puis un quatrième, un cinquième...

C'est lui : *sont-ils* lui ?... Il est sorti de la crypte : *sont-ils* sortis de la crypte ?... Moi seul le vois : moi seul *les* vois ?

Le gardien dit : «L'uniforme aurait été humiliant, en conséquence le Maestro a voulu que ses hôtes, ses «collègues» se promènent tous habillés comme lui, avec l'ample veston noir croisé, la cravate flottante, le chapeau à larges bords.»

La voix du gardien résonne à mon oreille comme, enfant, dans le cœur ténébreux d'un cauchemar, résonnait près de moi la voix de ma mère pour me réveiller.

Les monuments ne se déplacent pas, mais pour honorer dignement notre père mélodique, soixante-cinq monuments vivants, soixante-cinq Verdi, bien portants, robustes et pleins de risotto jaune, sortent tous les jours de la maison de repos et se mettent à déambuler à travers Milan ; et quand il fait beau ils poussent jusqu'aux lacs ; et souvent ils arrivent jusqu'aux Alpes ; et parfois ils vont jusqu'à passer les frontières pour apporter son souvenir vivant à ces peuples étrangers mêmes.

Trois pensionnaires de la Casa de Riposo, filmés dans leur vie quotidienne par Daniel Schmidt, dans *le Baiser de Tosca.*

« Et les femmes, comment doivent-elles s'habiller ?
– Comme Giuseppina Strepponi », répond le gardien.

Et peu après il ajoute : « C'est la Rinascente qui fournit tout. »

Alberto Savinio, *Ville, j'écoute ton cœur*

Le baiser de Tosca

Un film a été réalisé récemment dans et sur la *Casa di riposo per musicisti,* la maison de retraite des vieux musiciens, plus connue sous le nom de *Casa Verdi* («Ma plus belle œuvre», dit un jour le maestro). C'est Daniel Schmid qui a réalisé ce *Baiser de Tosca* où l'on partage la vie de ces anciens chanteurs qui revivent, l'espace d'un film, leurs grands rôles : ici c'est un Rigoletto qui, réenfilant sa bosse, retrouve les bribes de son rôle dans les inflexions d'une voix perdue qui le fait pourtant être Rigoletto ; là c'est Sara Scuderi, une ancienne gloire de la Scala qui fredonne les airs qui ont mis le public à ses pieds ; là encore c'est l'ensemble des pensionnaires réunis dans le grand salon qui répète le *« Va pensiero »* de *Nabucco* pour on ne sait quelle improbable représentation. Réalisé avec tendresse, avec amour, ce film est le plus émouvant hommage qui soit à ces voix du temps passé. Rencontre intime, amoureuse, belle.

Vie et œuvre de Verdi	Événements musicaux	Evénements artistiques et littéraires	Événements historiques
1813 Naissance à Roncole.	**1813** Naissance de Wagner ; mort de Grétry ; fondation à Londres de la Royal Philharmonic Society ; Rossini : *l'Italienne à Alger.*		
		1814 Goya : *le Dos de Mayo.*	**1814** Stephenson invente la locomotive. Congrès de Vienne. **1815** Les Cent-Jours. Waterloo.
	1816 Rossini : *le Barbier de Séville.* **1820** Donizetti : *l'Elixir d'amour.*	**1816** Benjamin Constant : *Adolphe.* **1820** Lamartine : *Méditations* ; Shelley : *Prométhée délivré.*	
	1821 Weber : *le Freischütz ;* Beethoven : *Sonate op. 110* ; Cherubini est nommé directeur du Conservatoire de Paris. **1822** Naissance de César Franck ; Schubert : *Symphonie « inachevée ».*		**1821** Mort de Napoléon.
			1823 Niepce invente la photographie.
	1824 Beethoven : *Neuvième Symphonie.* Rossini prend la direction du Théâtre-Italien de Paris.	**1824** Delacroix : *Massacre de Scio.*	**1824** McCormick invente la moissonneuse mécanique.
		1825 Manzoni : *les Fiancés.*	
	1826 Mort de Weber.	**1826** Vigny : *Cinq-Mars, Poèmes antiques et modernes.*	
	1827 Mort de Beethoven	**1827** Hugo : *Cromwell* ; Ingres : *Apothéose d'Homère.*	
1828 *Sinfonia* jouée à Busseto.		**1828** Mort de Schubert.	
	1829 Chopin : premier cahier de douze *Études* pour piano ; Rossini : *Guillaume Tell.*	**1829** Mérimée : *le Carosse du Saint-Sacrement* ; Dumas : *Henri III* ; Balzac commence *la Comédie humaine.*	

	1830 Berlioz : *Symphonie fantastique.*	**1830** Hugo : *Hernani.*	**1830** Révolution de juillet. Mouvement révolutionnaire entraîné par Mazzini, dit « Jeune Italie ».
	1831 Bellini : *la Norma ;* Meyerbeer : *Robert le Diable* ; Chopin s'installe à Paris.	**1831** Stendhal : *le Rouge et le Noir* ; Hugo : *Notre-Dame de Paris, Marion Delorme, Feuilles d'automne.*	
1832 Refusé au Conservatoire de Milan.		**1832** Mort de Goethe ; Hugo : *Le roi s'amuse.*	
	1833 Naissance de Brahms.		
		1834 Musset : *Lorenzaccio.*	**1834** Invention du moteur électrique.
	1835 Donizetti : *Lucia di Lammermoor* ; Halévy : *la Juive ;* naissance de Saint-Saëns.	**1835** Naissance de Carducci ; Vigny : *Chatterton.*	**1835** Attentat de Fieschi.
1836 Premier mariage, avec Margherita Barezzi.	**1836** Meyerbeer : *les Huguenots.*	**1836** Musset : *Confession d'un enfant du siècle.*	
1837 Naissance d'une fille, Virginia.	**1837** Berlioz : *Requiem.*	**1837** Mort de Leopardi ; Dickens : *Oliver Twist.*	
1838 *Six romances* (pour chant et piano). Naissance de son fils, Icilio Romano, mort de sa fille, Virginia.	**1838** Liszt : *Études d'exécution transcendante.*	**1838** Hugo : *Ruy Blas.*	
1839 Installation à Milan, mort de son fils Icilio Romano. *Oberto, conte di San Bonifacio.* Première rencontre avec Giuseppina Strepponi.	**1839** Berlioz : *Roméo et Juliette ;* naissance de Moussorgsky ; premier séjour de Wagner à Paris.	**1839** Stendhal : *la Chartreuse de Parme.*	
1840 Mort de sa femme, Margherita. *Un giorno di regno.*	**1840** Donizetti : *la Favorite* ; naissance de Tchaïkovski.	**1840** Proudhon : *Qu'est-ce que la propriété ?* ; Mérimée : *Colomba* ; naissance de Rodin et de Monet.	**1840** Fondation des premières grandes compagnies transatlantiques.
	1841 Adam : *Giselle.*		
1842 *Nabucco,* début de l'amitié avec la comtesse Maffei, début de la liaison avec Giuseppina Strepponi.	**1842** Mort de Cherubini ; Wagner : *Rienzi.*		
1843 *Les Lombards.*	**1843** Wagner : *le Vaisseau fantôme* ; Donizetti : *Don Pasquale.*	**1843** Hugo : *les Burgraves.*	
1844 *Ernani.* *I due Foscari.*	**1844** Mendelssohn : *Concerto pour violon* ; naissance de Rimski-Korsakov.	**1844** Naissance de Verlaine et de Nietzsche.	**1844** Premier télégraphe électrique.

1845 *Giovanna d'Arco.* *Alzira.*	**1845** Wagner : *Tannhaüser* ; naissance de Gabriel Fauré ; invention du saxophone.		
1846 *Attila.*	**1846** Berlioz : *la Damnation de Faust.*	**1846** C. Balbo : *Histoire d'Italie* ; George Sand : *la Mare au diable.* **1846** Marx et Engels : *Manifeste communiste* ; Mérimée : *Carmen.*	**1846** Début du pontificat de Pie IX.
1847 *Macbeth.* *I Masnadieri.* Verdi et Giuseppina Strepponi décident de vivre ensemble. *Jérusalem* (adaptation française des *Lombards*).	**1847** Mort de Mendelssohn.		
1848 *Il Corsaro.* Acquisition de la propriété de Sant'Agata à Busseto.			**1848** Révolution en France, puis dans toute l'Europe.
1849 *La Bataille de Legnano.* *Luisa Miller.*	**1849** Mort de Chopin ; Meyerbeer : *le Prophète.*	**1849** Chateaubriand : *Mémoires d'outre-tombe.*	**1849** Échec du mouvement révolutionnaire italien.
1850 *Stiffelio.*	**1850** Wagner : *Lohengrin.*	**1850** Mort de Balzac.	
1851 *Rigoletto.*		**1851** Labiche : *Un chapeau de paille d'Italie* ; Murger : *Scènes de la vie de bohème.*	**1851** Coup d'État de Louis-Napoléon.
		1852 Dumas : *la Dame aux camélias* ; Hugo : *les Châtiments.*	**1852** Fondation en France du Second Empire, dirigé par Napoléon III. Cavour, Premier ministre du Piémont
1853 *Le Trouvère.* *La Traviata.*	**1853** Liszt : *Sonate en si mineur* ; fondation, à New York, de la maison de facture de pianos Steinway ; Wagner commence la composition de sa *Tétralogie, l'Anneau des Niebelungen,* qu'il achèvera en 1874.		
		1854 Mort de Silvio Pellico.	**1854** Guerre de Crimée. Épidémie de choléra en Europe.
1855 *Les Vêpres siciliennes.*	**1855** Offenbach fonde à Paris le Théâtre des Bouffes-Parisiens.	**1855** Mort de Nerval.	**1855** Prise de Sébastopol.
	1856 Mort de Schumann.	**1856** Hugo : *les Contemplations.*	

1857 *Simon Boccanegra.* *Aroldo* (nouvelle version de *Stiffelio*).		**1857** Baudelaire : *les Fleurs du mal* ; Flaubert : *Madame Bovary.*	
			1858 Attentat d'Orsini.
1859 *Un bal masqué.* Mariage avec Giuseppina Strepponi. Verdi, délégué de Busseto à l'assemblée des provinces de l'État de Parme, rencontre Cavour.	**1859** Gounod : *Faust* ; Wagner achève *Tristan et Isolde.*	**1859** Darwin : *De l'origine des espèces* ; Hugo entame : *la Légende des siècles.*	**1859** Guerre du Piémont. **1860** Cession de la Savoie et de Nice à la France. Début en Amérique du Nord de la guerre de Sécession.
1861 Verdi est élu député au Parlement national.	**1861** *Tannhauser* fait scandale à l'Opéra de Paris.	**1861** Carducci : *Rime nuove.*	
1862 *La Force du destin.*	**1862** Naissance de Debussy.	**1862** Manet : *le Déjeuner sur l'herbe* ; Hugo : *les Misérables* ; Flaubert : *Salammbô.*	**1862** Garibaldi marche sur Rome.
	1863 Berlioz : *les Troyens* (achèvement de la deuxième partie).	**1863** Naissance de Gabrielle D'Annunzio.	
	1864 Gounod : *Mireille* ; naissance de Richard Strauss.		**1864** Fondation de la Ire Internationale.
	1865 Meyerbeer : *l'Africaine* ; naissance de Paul Dukas ; création de *Tristan et Isolde.*	**1865** Manet : *Olympia.*	
	1866 Offenbach : *la Vie parisienne.*	**1866** Dostoïevski : *Crime et Châtiment.*	**1866** Défaite de Custozza. Installation du premier câble transatlantique.
1867 *Don Carlos.*	**1867** Gounod : *Roméo et Juliette.*	**1867** Ibsen : *Peer Gynt* ; Marx : *le Capital,* Livre I.	
1868 Rencontre avec Manzoni.	**1868** Mort de Rossini ; Wagner : *les Maîtres chanteurs* ; Boïto : *Mefistofele.*	**1868** Dostoïevski : *l'Idiot* ; Lautréamont : *les Chants de Maldoror.*	
1869 Échec du projet de requiem collectif à la mémoire de Rossini.	**1869** Moussorgsky : *Boris Godounov ;* mort de Berlioz.	**1869** Flaubert : *l'Éducation sentimentale.*	**1869** Premier concile du Vatican. **1870** Guerre franco-prussienne.
1871 *Aïda.*		**1871** Rimbaud : *le Bateau ivre.*	**1871** Commune de Paris.
	1872 Bizet : *l'Arlésienne.*	**1872** Monet : *Impression, soleil levant.*	
1873 *Quatuor à cordes.*		**1873** Mort de Manzoni ; Rimbaud : *Une saison en enfer.*	

1874 *Requiem* (pour le premier anniversaire de la mort de Manzoni).	**1874** Niassance de Schoenberg ; Moussorgsky : *Tableaux d'une exposition.*	**1874** Première exposition impressionniste.	
	1875 Bizet : *Carmen* ; mort de Bizet ; naissance de Ravel.		
	1876 Inauguration du théâtre de Bayreuth ; Tchaïkovski : *le Lac des cygnes* ; naissance de De Falla ; Ponchielli : *la Gioconda.*	**1876** Renoir : *le Moulin de la Galette* ; Mallarmé : *l'Après-midi d'un faune.*	**1876** Bell invente le téléphone.
	1877 Saint-Saëns : *Samson et Dalila* ; Brahms : *Deuxième Symphonie.*	**1877** Zola : *l'Assommoir* ; Flaubert : *Trois contes.*	
		1878 Carducci : *Odes barbares.*	**1878** Mort de Pie IX. Pontificat de Léon XII. Avènement d'Umberto Ier, roi d'Italie. Edison invente la lampe à incandescence.
	1879 Tchaïkovski : *Eugène Onéguine.*	**1879** Premiers écrits de D'Annunzio.	**1879** Pasteur invente le principe du vaccin.
	1880 Borodine : *Dans les steppes de l'Asie centrale,* poème symphonique.	**1880** Rodin : *le Penseur.*	**1880** Invention de la bicyclette. Début des guerres coloniales françaises.
1881 Remaniement de *Simon Boccanegra.*	**1881** Mort de Moussorgsky ; naissance de Bela Bartok ; Offenbach : *les Contes d'Hoffmann.*	**1881** Verlaine : *Sagesse* ; Flaubert : *Bouvard et Pécuchet* ; Anatole France : *le Crime de Sylvestre Bonnard.*	
	1882 Wagner : *Parsifal* ; naissance de Stravinski.	**1882** Becque : *les Corbeaux.*	
	1883 Mort de Wagner ; Delibes : *Lakmé* ; fondation du Metropolitan Opera de New York ; naissance de Webern.	**1883** Nietzsche : *Ainsi parlait Zarathoustra* ; Maupassant : *Une vie.*	
	1884 Massenet : *Manon.*	**1884** Huysmans : *A rebours* ; Verlaine : *Jadis et naguère.*	
	1885 Naissance de Berg.	**1885** Mort de Hugo ; Zola : *Germinal.*	
	1886 Mort de Liszt.	**1886** Rimbaud : *Illuminations.*	
1887 *Otello.*	**1887** Fauré : *Requiem.*		**1887** Mouvement boulangiste en France.
	1888 Lalo : *le Roi d'Ys.*		

		1889 Exposition internationale de Paris.	**1889** Fondation de la IIe Internationale.
	1890 Mort de César Franck ; Mascagni : *Cavalleria rusticana* ; Borodine : *le Prince Igor.*	**1890** Zola : *la Bête humaine* ; mort de Van Gogh.	
	1891 Naissance de Prokofiev.	**1891** Huysmans : *Là-bas.*	
	1892 Massanet : *Werther* ; Leoncavallo : *Paillasse ;* Tchaïkovski : *Casse-Noisette* ; naissance d'Honegger.	**1892** Cézanne : *les Joueurs de cartes ;* Maeterlinck : *Pelléas et Mélisande* ; Claudel : *la Jeune Fille Violaine.*	**1892** Scandale de Panama.
1893 *Falstaff.*	**1893** Mort de Gounod ; Tchaïkovski : *Sixième Symphonie,* dite *Pathétique ;* Dvorák : *Symphonie du Nouveau Monde.*		
	1894 Debussy : *Prélude à l'après-midi d'un faune.*	**1894** D'Annunzio : *le Triomphe de la mort* ; Barrès : *Du sang, de la volupté...* ; A. France : *le Lys rouge.*	**1894** Premier procès Dreyfus.
		1895 Tchekhov : *la Mouette* ; Lumière : premier appareil de cinématographe.	
	1896 Mort de Bruckner ; Puccini : *la Bohème.*	**1896** Jarry : *Ubu roi* ; Proust : *les Plaisirs et les Jeux.*	**1896** Marconi invente la TSF.
1897 Mort de Giuseppina.	**1897** Mort de Brahms ; Dukas : *l'Apprenti sorcier.*	**1897** Rostand : *Cyrano de Bergerac ;* Gide : *les Nourritures terrestres* ; Loti : *Ramuntcho* ; Péguy : *Jeanne d'Arc.*	
1898 *Pezzi sacri (Pièces sacrées).*		**1898** D'Annunzio : *La Ville morte* ; Zola : *J'accuse.*	**1898** Pierre et Marie Curie découvrent le radium.
			1899 Début de la guerre des Boers.
	1900 Puccini : *la Tosca* ; Gustave Charpentier : *Louise.*	**1900** Freud : *l'Interprétation des rêves* ; Rostand : *l'Aiglon.*	**1900** Assassinat d'Umberto Ier. Avènement de Victor-Emmanuel III. Planck découvre la théorie des quanta.
1901 Mort à Milan.	**1901** Ravel : *Jeux d'eau.*	**1901** Gide : *l'Immoraliste.*	

Musique et paroles, disques et livres

Avant d'écouter au hasard un opéra de Verdi en entier, on pourra se familiariser avec le son verdien en commençant par écouter, par exemple, quelques chœurs extraits d'opéras. Puis on pourra écouter des récitals de grands chanteurs interprétant certains airs. On continuera en écoutant des extraits d'opéras regroupant en un disque quelques-unes des scènes principales. Enfin on passera aux versions intégrales des œuvres, tout en se plongeant dans des livres pour en savoir plus sur Verdi.

Par exemple : *Chœurs d'opéras,* dir. Riccardo Muti, EMI 1982. *Nicolaï Ghiaurov chante Verdi,* dir. Claudio Abbado, Decca 1969 ; ou *Maria Callas chante des airs d'héroïnes de Verdi,* dir. Nicolaï Rescigno, EMI.
On pourra ensuite écouter les Extraits de *Nabucco,* avec Piero Cappuccilli, Placido Domingo, Evgeny Nesterenko, Ghena Dimitrova, dirigés par Giuseppe Sinopoli (DG 1983) ; les Extraits de *la Traviata,* avec Renata Scotto, Alfredo Kraus, Renato Bruson, dirigés par Riccardo Muti (EMI 1982) ; les Extraits d'*Un bal masqué,* avec Placido Domingo, Katia Ricciarelli, Renato Bruson, Elena Obraztsova, dirigés par Claudo Abbado (DG 1981) ; les Extraits de *Aïda,* avec Katia Ricciarelli, Placido Domingo, Elena Obraztsova, Leo Nucci, Nicolaï Ghiaurov, Ruggero Raimondi, dirigés par Claudio Abbado (DG 1982).

L'étape suivante est l'audition d'un opéra en entier. L'idéal est bien sûr de le voir sur scène : l'opéra n'est pas que musique, il estt aussi théâtre et pour pleinement l'apprécier, il faut pouvoir se le représenter visuellement en même temps qu'on l'entend. Mais on peut aussi commencer l'écoute d'une œuvre entière par le *Requiem,* qui s'y prête parfaitement et permet d'entendre l'alliage voix-chœur-orchestre sans support théâtral, et de plus dans un des plus purs chefs-d'œuvre de Verdi.

Ensuite, la découverte des opéras de Verdi se fera idéalement par une des trois œuvres de la «trilogie» : *Rigoletto, le Trouvère, la Traviata.* Mais bien sûr *Nabucco* saura enflammer l'esprit, *la Forza del destino* ravira par ses multiples facettes mais risque au premier abord de rebuter par sa longueur, de même que *Don Carlos,* au contraire d'*Attila,* très bref, très ramassé, très emporté. Mais en pénétrant dans l'univers de Verdi, on découvrira peut-être peu à peu que ces œuvres, apparemment plus difficiles comme *Don Carlos* ou *Otello,* sont sans doute les plus belles, les plus complètes. L'essentiel n'est pas de faire un palmarès ou un classement, mais d'éprouver du plaisir : et tous les opéras de Verdi en réservent. A chacun ensuite d'y marquer ses préférences...

Les intégrales

Toutes les œuvres de Verdi sont enregistrées dans au moins une version. Mais certaines le sont en nombre considérable : sait-on qu'il n'existe pas moins de 34 versions du *Trouvère* et 41 versions de *la Traviata* ? Il faut pouvoir choisir, car toutes ces versions ne sont pas sans reproche... Par ailleurs, de nouveaux enregistrements des opéras de Verdi paraissent chaque saison ; certains, épuisés depuis longtemps, sont réédités. C'est dire que tout choix proposé peut être remis en question. Essayons pourtant...

Oberto : Carlo Berzonzi, Ghena Dimitrova, Rolando Panerai ; dir. Lamberto Gardelli (Orfeo 1984). Par curiosité.
Un giorno di regno : Lina Pagliughi, Renato Capecchi ; dir. Simonetto (Cetra). Une œuvre mineure, mais servie par des voix magnifiques.
Nabucco : Matteo Manuguerra, Renata Scotto, Veriano Luchetti, Nicolai Ghiaurov, Elena Obratzsova ; dir. Riccardo Muti (EMI 1978). Pour la direction fiévreuse de Muti.
I Lombardi : Cristina Deutekom, Ruggero Raimondi, Placido Domingo ; dir. Lamberto Gardelli (Philips 1972). Pour les voix fougueusement déployées.
Ernani : Placido Domingo, Renato Bruson, Nicolai Ghiaurov, Mirella Freni ; dir. Riccardo Muti (EMI 1983). Pour la direction de Muti, le beau style de Bruson et la vérité du *live* (enregistré en direct à la Scala).
I Due Foscari : Piero Cappuccilli, José Carreras, Katia Ricciarelli, Samuel Ramey ; dir. Lamberto Gardelli (Philips 1976).
Giovanna d'Arco : Montserrat Caballé, Placido Domingo, Sherril Milnes ; dir. James Levine (EMI 1973).
Alzira : Ileana Cotrubas, Francisco Araiza, Renato Bruson ; dir. Lamberto Gardelli (Orfeo 1983).
Attila : Ruggero Raimondi, Sherril Milnes, Carlo Bergonzi, Cristina Deutekom ; dir. Lamberto Gardelli (Philips 1974). Pour l'Attila de Ruggero Raimondi.
Macbeth : Shirley Verret, Piero Cappuccilli, Nicolai Ghiaurov, Placido Domingo ; dir. Claudio Abbado (DG 1977). Pour le chef, pour l'orchestre, pour les chœurs, pour les voix : une somptueuse version.

I Masnadieri : Montserrat Caballé, Carlo Bergonzi, Piero Cappuccilli, Ruggero Raimondi ; dir. Lamberto Gardelli (Philips 1975). Pour les voix, superbes.
Il Corsaro : José Carreras, Montserrat Caballé, Jessye Norman ; dir. Lamberto Gardelli (Philips 1977).
La Battaglia di Legnano : Katia Ricciarelli, José Carreras, Matteo Manuguerra ; dir. Lamberto Gardelli (Philips 1978).

Luisa Miller : Katia Ricciarelli, Placido Domingo, Renato Bruson ; dir. Lorin Maazel (DG 1980). Pour les voix autant que pour le chef, dans un grand jour.
Stiffelio : José Carreras, Sylvia Sass, Matteo Manuguerra ; dir. Lamberto Gardelli (Philips 1980).
Rigoletto : Tito Gobbi, Maria Callas, Giuseppe di Stefano ; dir. Tullio Serafin (EMI 1956). La grande époque de la Scala d'après-guerre et le sublime Rigoletto de Gobbi.
Piero Cappuccilli, Ileana Cotrubas, Placido Domingo ; dir. Carlo Maria Giulini (DG 1980). La grande classe d'aujourd'hui. avec une distribution de super-luxe et une direction inspirée.
Il Trovatore : Leontyne Price, Placido Domingo, Fiorenza Cossoto, Sherril Milnes ; dir. Zubin Mehta (RCA 1969). Un parfait équilibre vocal et orchestral.
La Traviata : Ileana Coturbas, Placido Domingo, Sherril Milnes ; dir. Carlos Kleiber (DG 1977). A condition de mettre de côté la version pirate enregistrée en 1955 à la Scala avec une Callas incandescente, sous la direction de Giulini, c'est de loin la plus émouvante version, grâce à la direction de Kleiber et à la fragilité de Cotrubas.
Les Vêpres siciliennes : Martina Arroyo, Placido Domingo, Sherril Milnes, Ruggero Raimondi ; dir. James Levine (RCA 1973). Seule version officielle – qui ne fait pas oublier la pirate, difficilement trouvable, avec Maria Callas et Boris Christoff, enregistrée à Florence en 1951.
Simon Boccanegra : Piero Cappuccilli, José Carreras, Mirella Freni, Nicolai Ghiaurov ; dir. Claudio Abbado (DG 1977). Le top niveau.
Aroldo : Montserrat Caballé, Gianfranco

Cecchele, Juan Pons; dir. Eve Queller (CBS 1979). Par curiosité plus que par intérêt musical.
Un ballo in maschera: Maria Callas, Tito Gobbi, Giuseppe di Stefano, Fedora Barbieri; dir. Antonino Votto (EMI 1958). Un carré d'as difficile à supplanter, mais auquel il manque un chef.
Katia Ricciarelli, Placido Domingo, Renato Bruson, Elena Obraztsova; dir. Claudio Abbado (DG 1981). Le chef y est, les chanteurs sont excellents... mais ce n'est plus le carré d'as. *Nobody is perfect.*
La Forza del destino: Leontyne Price, Placido Domingo, Sherril Milnes, Fiorenza Cossotto; dir. James Levine (RCA 1977). pour l'homogénéité.
Don Carlos: Placido Domingo, Montserrat Caballé, Ruggero Raimondi, Sherril Milnes, Shirley Verrett; dir. Carlo Maria Giulini (EMI 1971).
Carlo Bergonzi, Renata Tebaldi, Nicolai Ghiaurov, Dietrich Fischer-Dieskau, Grace Bumbry; dir. Georg Solti (Decca 1966). Difficile de choisir entre deux versions superbes : l'absolue beauté vocale est peut-être chez Solti, mais l'équilibre d'ensemble est chez Giulini. Alors ?

Aïda: Leontyne Price, Jon Vickers, Rita Gorr, Robert Merrill; dir. Georg Solti (RCA 1963). Des voix somptueuses portées à l'acmé du drame.

Messa da Requiem: Elisabeth Schwarzkopf, Christa Ludwig, Nicolai Gedda, Nicolai Ghiaurov; dir. Carlo Maria Giulini (EMI 1962). Bien sûr il y a la version enregistrée par Arturo Toscanini, mais rien n'atteint le recueillement extasié de ce sublime enregistrement.

Otello: Jon Vickers, Tito Gobbi, Leonie Rysanek; dir. Tullio Serafin (RCA 1962). Une violence envoûtante.

Falstaff: Tito Gobbi, Elisabeth Schwarzkopf, Nan Merriman, Fedora Barbieri; dir. Herbert von Karajan (EMI 1962). Bien que la fougueuse version de Toscanini soit enthousiasmante, cette version, menée par Karajan avec une finesse idéale pour cette œuvre, semble la plus équilibrée.
Quatri Pezzi sacri: dir. Carlo Maria Giulini (EMI 1963).

Enrico Caruso, l'exemple même du «ténor italien».

Bibliographie

La vie et l'œuvre de Verdi ont suscité en Italie et dans les pays anglo-saxons une riche bibliographie. La France, elle, dispose de peu d'ouvrages sur le compositeur. Parmi eux :

Bellaigue (C.) : *Verdi, biographie critique ;* Paris, 1912.
Bonaventura (A.) : *Giuseppe Verdi ;* Félix Alcan, Paris, 1930.
Bourgeois (J.) : *Giuseppe Verdi ;* Julliard, Paris, 1978.
Bril (F.-Y.) : *Verdi ;* Hachette, Paris, 1972.
Escudier (L.) : *Mes souvenirs ;* Paris, 1863.
Gatti (C.) : *Verdi ;* Mondadori, Milan, 1931 ; Gallimard, Paris, 1961 ; Éditions d'Aujourd'hui, coll. Les Introuvables, 1978.
Malraye (J.) : *Verdi ;* Seghers, Paris, 1965.
Martini (M.) : *Verdi sous le regard de l'amour ;* P.-M. Favre, Lausanne, 1985.
Petit (P.) : *Verdi ;* Le Seuil, Paris, 1959.
Pougin (A.) : *Histoire anecdotique de la vie et des œuvres de Giuseppe Verdi ;* Paris, 1886.
Tintori (G.) : *Giuseppe Verdi ;* Hermès, Lausanne, 1966.
Valori (P.) : *Verdi et son œuvre ;* Paris, 1895.
Verdi : *Autobiographie à travers la correspondance ;* Lattès, Paris, 1984.
Weaver (W.) : *Verdi d'après les documents d'époque ;* Van de Velde, Tours, 1978.
Revue *l'Arc :* numéro spécial Verdi (n° 81) ; Aix-en-Provence, 1981.
Revue *l'Avant-scène Opéra :* numéro spécial *Otello* (n° 3) ; Paris, 1976 ;
numéro spécial *Aïda* (n° 4) ; Paris, 1976 ;
numéro spécial *Simon Boccanegra* (n° 19) ; Paris, 1979 ;
numéro spécial *Un bal masqué* (n° 32) ; Paris, 1981 ;
numéro spécial *Macbeth* (n° 40) ; Paris, 1982 ;
numéro spécial *la Traviata* (n° 51) ; Paris, 1983 ;
numéro spécial *le Trouvère* (n° 60) ; Paris, 1984 ;
numéro spécial *les Vêpres siciliennes* (n° 75) ; Paris, 1985 ;
numéro spécial *Falstaff* (n° 87-88) ; Paris, 1986 ;
numéro spécial *Don Carlos* (n° 90-91) ; Paris, 1986.

Un certain nombre de ces livres sont difficiles à trouver parce que, publiés il y a longtemps, ils n'ont pas été réédités. Parmi les plus facilement disponibles, on recommandera en priorité l'ouvrage en deux volumes de Carlo Gatti, qui demeure, malgré certaines erreurs corrigées depuis par les travaux plus récents des musicologues, la somme la plus complète en français sur Verdi. On recommandera aussi l'ouvrage très clair de Jacques Bourgeois qui, à côté de la biographie, donne une analyse de chacun des opéras de Verdi, d'*Oberto* à *Falstaff,* ainsi que celui de Pierre Petit, qui fait partager avec finesse son amour pour Verdi tout en contant sa vie. Enfin le somptueux volume de William Weaver est au moins à regarder : il réunit toute une passionnante iconographie sur Verdi et son époque, ainsi qu'un choix d'extraits de lettres et d'articles de l'époque.

Mais si l'on veut approfondir sa connaissance de Verdi, il faut lire son *Autobiographie à travers la correspondance,* volumineux choix de lettres qui permet de le voir vivre presque au jour le jour et de suivre ses mille et une préoccupations.

Enfin, pour aller plus loin et pénétrer le détail des œuvres, on lira les numéros de la revue *l'Avant-scène Opéra* consacrés à chacun des opéras de Verdi, comprenant chaque fois le livret bilingue, toute une série d'analyses et d'éclairages de l'œuvre, une discographie comparée et une très riche iconographie.

Pour ceux que la passion verdienne a saisi et qui peuvent lire l'italien, on recommandera particulièrement :

Abbiati (F.) : *Giuseppe Verdi* (4 vol.) ; Ricordi, 1959 ;
Mila (M.) : *Giuseppe Verdi :* Laterza, 1958 ;
Monaldi (G.) : *Verdi ;* Turin, 1899.

Et pour ceux qui lisent l'anglais :

Budden (J.) : *The Operas of Verdi* (3 vol.) ; Cassel, London, 1973-1981
Osborne (Ch.) : *The Complete Operas of Verdi ;* Gollancz, London, 1969.

Enfin il existe un Institut d'études verdiennes, dirigé par le professeur Pierluigi Pietrobelli, qui réunit des congrès internationaux et publie toute une série d'études et de communications scientifiques sur les œuvres de Verdi. Ces publications peuvent être commandées directement à : Istituto di Studi Verdiani, Strada della Repubblica 57, 43100 Parma (Italie).

Il existe encore un moyen de pénétrer au cœur des œuvres de Verdi, c'est d'en lire les partitions : elles sont toutes éditées par la maison Ricordi, à Milan.

CHAPITRE V

CHAPITRE VI

TÉMOIGNAGES ET DOCUMENTS

Abréviations : h : haut ; b : bas ; m : milieu ; g : gauche ; d : droite.

REMERCIEMENTS

Nous remercions les personnes et les organismes suivants pour l'aide qu'ils nous ont apportée dans la réalisation de ce livre :
Patrizia Biffi et Elena Fumagalli, Teatro alla Scala, Milan ; Gianpiero Tintori et Lorenzo Siliotto, Museo Teatrale alla Scala, Milan ; Luciana Pestalozza, Edizione Ricordi, Milan ; Pierluigi Petrobelli, Istituto di Studi Verdiani, Parme ; Anne-Marie Chalbos, Pathé Marconi-EMI, Paris ; Martine Kahane, Bibliothèque de l'Opéra de Paris ;
ainsi que Denise Breton, Paris ; Daniel Cande, Paris ; Jean-Loup Charmet, Paris ; Marcello Conati, Parme ; Philippe Coqueux, Paris ; Gilbert Deflo, Paris ; Jacques Gheusi, Paris ; Georgette Rostand, Genève ; Jean-Marie Simon, Paris.

CRÉDITS PHOTOS

Agence de Presse Bernand, Paris 142. Archivio Storico Ricordi, Milan 104, 106, 108g, 109g, 110g, 111d, 123, 173. Archives photographiques du Théâtre de la Scala, Milan 56, 57, 58b, 58h, 59, 60, 61, 67, 157. Bibl. nat., Paris 46, 71b, 86, 88-89, 90, 93, 96, 97, 99, 114b, 117, 121, 138. Bildarchiv Preussicher Kulturbesitz, Berlin 129, 143. Daniel Cande, Boulogne-Billancourt 145. Cannon France, Paris 115, 164b, 164h. Charmet, Paris 44-45b, 98, 112-113, 125. Ph. Philippe Coqueux, Paris 130, 132bh, 132hd, 137, 148g, 153d. Anthony Crickmay, Londres 161dm. Dagli Orti, Paris 41, 42, 42-43h, 72, 73, 76h, 77b, 77h, 78-79, 84-85, 127. Droit réservé 14, 25, 26, 27, 28-29, 30, 32-33, 33, 36-37, 38-39h, 38-39b, 50, 52, 54, 55, 63, 66, 68h, 69, 70h, 71h, 87, 94, 94-95h, 114h, 116, 120, 122, 124, 128, 132, 134, 150, 166. Emi Ldt, Paris 154. Evan Baker 13, 15, 16b, 17, 19, 105, 163. Explorer, Paris 16h. Giraudon, Paris 91. Giraudon Lauros, Paris 24. Institut des Études verdiennes, Parme 102. Lelli & Masotti, Milan 161gm, 168h, 168b. The Mansell Collection, Londres 103. Kipa-Colette Masson, Paris 22, 31, 148b. Ph. Isabelle Meister, Genève 148dh, 153b. Musée de la Scala, Milan 12, 17, 18, 34, 35, 47, 48-49, 53, 87, 92, 95b, 113, 118-119, 170. Ph. Stephan Odry, Cologne 151. Michel Pazdro, Paris 144. Roger Pic, Paris 158. Houston Roger, Londres 146. Agence Scala, Florence 20, 21, 44-45h, 50-51, 68b, 80-81, 82-83, 100, 101. Peter Schnetz, Basel 140m, 140h, 140b. Sirot Angel, Paris 64-65. Agence Sogeau, Paris 175. Ph. X 153h, 161h, 162. Roger Viollet, Paris 23, 40, 62, 74-75. Ph. Reg Wilson, Londres 135.

Table des matières